北京大学·复旦大学·吉林大学·中山大学
国家治理协同创新中心

华东政法大学
中国社会公共安全研究中心

# 中国社会公共安全研究报告

Advances in China Public Security

主　编　杜志淳
副主编　张明军　雷丽萍

第8辑
2016年第1期

 中央编译出版社
Central Compilation & Translation Press

图书在版编目（CIP）数据

中国社会公共安全研究报告.第8辑／杜志淳主编.—北京：中央编译出版社，2016.10

ISBN 978-7-5117-3159-3

Ⅰ.①中… Ⅱ.①杜… Ⅲ.①公共安全-社会管理-研究报告-中国 Ⅳ.①D63

中国版本图书馆CIP数据核字（2016）第247723号

## 中国社会公共安全研究报告.第8辑

| | |
|---|---|
| 出 版 人： | 葛海彦 |
| 出版统筹： | 贾宇琰 |
| 责任编辑： | 盛菊艳 |
| 责任印制： | 尹 珺 |
| 出版发行： | 中央编译出版社 |
| 地 址： | 北京西城区车公庄大街乙5号鸿儒大厦B座（100044） |
| 电 话： | （010）52612345（总编室） （010）52612335（编辑室） |
| | （010）52612316（发行部） （010）52612317（网络销售） |
| | （010）52612346（馆配部） （010）55626985（读者服务部） |
| 传 真： | （010）66515838 |
| 经 销： | 全国新华书店 |
| 印 刷： | 北京时捷印刷有限公司 |
| 开 本： | 787毫米×1092毫米 1/16 |
| 字 数： | 190千字 |
| 印 张： | 10.5 |
| 版 次： | 2016年10月第1版第1次印刷 |
| 定 价： | 40.00元 |

| | |
|---|---|
| 网 址： | www.cctphome.com 邮 箱：cctp@cctphome.com |
| 新浪微博： | @中央编译出版社 微 信：中央编译出版社（ID：cctphome） |
| 淘宝店铺： | 中央编译出版社直销店（http://shop108367160.taobao.com） （010）52612349 |

凡有印装质量问题，本社负责调换。电话：（010）55626985

# 编委会

| | |
|---|---|
| 主　任 | 杜志淳 |
| 副主任 | 杨正鸣　何明升　张明军 |
| 编　委 | 于建嵘　李连江　高小平　王教生 |
| | 陆卫东　娄成武　朱正威　佘　廉 |
| | 竺乾威　陈振明　倪　星　王永全 |
| | 杨　龙　项继权　朱立言　沈忠新 |
| | 陈　平　郭秀云　杨正鸣　何明升 |
| | 张明军　倪　铁 |
| 主　编 | 杜志淳 |
| 副主编 | 张明军　雷丽萍 |
| 编　辑 | 郭秀云　吴新叶　汪伟全 |
| | 易承志　郑　谦 |

投稿信箱：hzggy021@126.com

投稿地址：上海市龙源路555号华东政法大学集英楼B309室

# 目 录
## Contents

## 主题探讨

2015 年中国社会群体性事件分析报告……………… 张明军　刘晓亮 / 003

## 本辑特稿

突发事件应急指挥系统研究范式
　　——一个概念框架 ……………………………… 佘　廉　张美莲 / 017

## 本辑话题

"治理现代化"背景下的中国应急管理……………………… 牛皓宁 / 033
震后救灾和灾后重建：中国市民社会的出现？…………………………
　　　　　　　　　　　　　杰西卡·蒂斯著　陈申　李双才译 / 042
社会冲突的正向价值及社会秩序的重构…………………… 钟心植 / 060

## 案例分析

基于案例推理的突发事件应急管理对策研究
　　——以台湾八仙水上乐园粉尘爆炸事故为例 ……… 郭　翔　殷文君 / 071

反向消解：P2P 行业群体性事件中政府公信力流失机理
　　——基于昆明泛亚有色金属事件的分析 ………………… 李　方 / 078
危机沟通中的网络舆情应对
　　——以"问题疫苗"为例 ………………………………… 汪　璐 / 090

## 研究报告

专业领域差异性、沟通行为对应急合作关系的影响机制研究
　　——基于任务不确定性的调节作用 ………… 吴建华　吴国斌 / 105
"安慰剂效应"分析及其在突发事件参与主体情绪管理中的应用研究
　　………………………………………………… 姚海霞　陈　安 / 116
2015 年台湾地区突发事件评述 ………………… 范　超　郝　豫 / 127

## 研究述评

我国自然灾害脆弱性评价研究进展 ……………… 冯倩倩　刘德林 / 143
应急管理对比研究现状及发展趋势 ……………… 牟　笛　陈　安 / 153

## 主题探讨

# 2015年中国社会群体性事件分析报告

华东政法大学社会管理与公共安全研究中心

张明军 刘晓亮

## 一、2015年中国群体性事件整体态势

根据以往研究以及2015年社会发展形势，群体性事件总数较前一年会略有增加，其中一个最主要的原因就是经济下滑、企业破产导致的劳资纠纷数量直线上升，大量分散性小规模群体冲突事件在很多地方频频发生。但从整个社会直观观察的角度，由于不构成新的特别吸引眼球的热点事件，因而往往被忽略，由此也直接导致最近几年在缺乏官方有效数据支持的情况下，民间研究机构很难对社会群体性事件的数量形成一个相对都能认可的大致数据。

从显著程度上看，未进行长期跟踪研究的学者或许会对2015年群体性事件的发生情况持乐观态度。事实上，2015年发生了不少其他不断转换公众注意力的事件，尤其是随着中央反腐败力度的持续加大，2015年落马的省部级（军级）以上官员的数量达到了72人，为2012年以来几年中的最高值，在如此大力持续整顿贪腐的背景下，公众对政府清明治理的主观愿景也有所加强，政治合法性的提升一定程度改善了人们对政府治理和社会发展的评判基调，由群体性事件引发的社会负面效应也在一般公众感知中受到削弱。

就整体而言，2015年的群体性事件基本延续了以往的趋势，土地征用、劳资纠纷、环境污染、事故维权、房产纠纷等依然构成群体性事件的主体，相应的工人（含农民工）、农民、业主等是群体性事件的主要参加群体。

首先，由征地、动拆迁所引发的矛盾冲突依然占比较大。在未发生命案等极端情况下，此类事件对媒体的吸引程度已经明显下降，但此类矛盾给社会造成的不稳

定影响却长期存在，一定条件下在局部地区依然存在激化导致恶劣社会事件的可能。例如2015年十大拆迁案例①，其中多个案例都造成了人员死伤和财产损失，激化了地方矛盾，恶化了干群关系。

其次，相比2014年已经相当惊人的由劳资纠纷引发的群体性事件规模在2015年又有新的增长。这在很大程度上要归因于2015年中国更趋严峻的经济形势，当经济增长速度降至25年来最低水平，L型经济走势已然成立并将长期保持，经济形势不景气造成的企业倒闭或濒临破产向下游工人工资传导，并最终在中国民间经济最为活跃的东南沿海地区大规模爆发，导致因欠薪引发的群体性事件数量激增。根据统计，2015年广东省发生因欠薪问题引发的30人以上的群体性事件就有数百起。广州、东莞、中山等地连续发生千人以上工人罢工事件，抗议相关企业的裁员等举措和当地住房公积金新政策。2015年2月，因西铁城精密（广州）有限公司裁员而引发上千工人抗议；3月，东莞裕元鞋厂3000多工人罢工，要求提取公积金；10月，深圳福昌电子公司倒闭，3800多名工人参与维权。企业破产引发的工人突然失业会带来严峻的社会稳定问题，不少人员是家庭收入的重要支柱，个别家庭夫妻同时在一个企业工作，同时下岗带来的冲击使得整个家庭一下子就陷入危机状态，在此情形下，工人的抗争就会尤为激烈。

再次，与环境有关的邻避型群体性事件依然呈现高发态势。自2007年厦门PX事件以来，国内就掀起了一轮邻避运动，众多大型化工项目被迫暂停甚至取消，2015年这种情况继续发生。1月5日，广东省深圳市数千市民打出"坚决反对垃圾场建在龙岗上坑塘，要健康不要癌症""支持垃圾分类处理，做到垃圾不落地"等标语到深圳市民中心集会，抗议日烧5000吨的大型垃圾焚烧场选址龙岗区坪地街道。② 4月，广东河源民众上街游行反对兴建火电厂。6月，上海金山区市民游行反对PX项目。此外还有广东陆丰、南昌、广西北海、广东阳春、武汉等多地也先后爆发了抗议兴建（扩建）变电站、核电站、码头、康复医院等邻避设施的环境群体性事件。此类事件已经在社会中形成了一种固定的认知，出于对不确定性风险的担忧，邻避效应现象将会持续不断地引发更多的群体性事件。

当然，也有一些新因素引发的群体性事件出现在2015年。例如，金融纠纷引

---

① 由中国城乡建设管理与房地产法研究中心和北京市才良律师事务所共同发布，具体参见《2015年十大拆迁典型案例今日公布》，http://mt.sohu.com/20160301/n439021412.shtml。

② 颜瑜：《深圳数千市民示威抗议在生活密集区建日烧5000吨大型垃圾焚烧场》，http://www.wyzxwk.com/Article/shehui/2015/01/336058.html。

发的群体性事件在一定范围内导致严重的社会影响。一些融资项目在"金融创新"的旗号下，借助互联网平台，以远高于银行存储利率的利息，推出名目繁多的各种理财产品，向社会广泛宣传，吸引普通公众投资，成为诈骗、洗钱、非法集资等违法犯罪活动的温床。该现象影响的社会群体非常多元，网络上的一个段子，"屌丝死于P2P，中产死于理财，土豪死于信托，总有一款骗局适合你"，非常形象地说明了这一问题导致的负面影响涵盖了社会各个阶层。

在中国，尤其是2015年，民间融资、借贷活动非常频繁，参与人数众多，涉及地域广泛，牵涉金额庞大，同时由于采取了线上线下结合、传销式传播等方式，使得这类活动具有很大的隐秘性，因而难以提前发觉，直到资金链断裂，东窗事发才发现其规模的惊人。如泛亚事件，陷入资金链断裂，牵涉全国20个省份、22万名投资者，总金额达400亿元，引发投资者上门维权。① 2015年的几起同类案例中，当事件发生，各地投资者因利益一致、目标相同，很快就通过网络平台进行联络并形成维权组织，通过线上线下各种渠道活动，吸引舆论关注，同时采取信访等手段，给政府相关部门施压。期间，个别投资者由于情绪激动，与负责处置的政府人员发生冲突，一旦处置不当，就可能引发连锁反应，导致事件进一步升级。该类情况在泛亚、卓达等事件中都有呈现。

此外，各种类型的网络群体性事件、互联网专车引发群体性事件等也在2015年的群体性事件中扮演着重要角色，相关案例将在下面的特征分析中具体展开。

## 二、2015年中国群体性事件呈现的主要特征

### 1. 群体性事件的类型依然以利益诉求类事件为主，但其内部也出现了分化加快的趋势

利益受损或受到威胁一直都是引发群体性事件的最主要因素。所谓利益，主要指向经济方面，这类问题较为直接，利益诉求方和诉求对象都非常明确，诉求也非常具体，往往能够快速将相似的利益诉求者联合起来，形成共同的行动策略；同时这类事件也最容易解决，只要利益诉求得到满足，事件很快就能平息。围绕征地动迁补偿、劳资纠纷、金融诈骗等发生的群体性事件都归属此类，从全年看，这类事

---

① 马元月，岳品瑜：《泛亚交易所承认遇兑付危机》，http://news.xinhuanet.com/fortune/2015-07/16/c_128025750.htm。

件占比接近70%。

此外，基于发展与竞争机会、健康保护、情感维系等非经济因素形成的诉求对个体或家庭而言也是一种非常重要的利益声张，由此也非常容易引发群体性事件。如2015年6月15日13时左右，湖北省武汉市汉阳区公路运输管理所的工作人员在钟家村铜锣湾广场附近查处了一辆专车，随后大批专车司机赶到现场要求放人，大量市民围观，导致钟家村及周边道路严重堵塞，专车司机与执法人员对峙，政府出动特警维持秩序。这是一次专车司机为生存和平等的市场竞争机会而采取的抗争。在健康保护方面，广东漳州、上海金山都发生了反对兴建PX项目的群体性事件。在情感维系方面，5月5日来自全国各地的失独家庭代表1073人聚集在国家卫计委门口聚集抗议计划生育和相关的政策，要求政府保障其相关的权利与利益。

出于对利益保护方式的不同，过去我们将利益诉求导致的群体性事件分为两类：事后救济型维权、事前预防型维权。现实中大多数利益诉求型群体性事件都是事后救济维权，邻避事件则多数属于事前预防型维权。2015年3月发生裕元鞋厂工人罢工事件，工人们出于担心工厂合并可能导致裁员，纷纷要求立即发放住房公积金，由此引发群体性事件，这是事前预防维权。除了传统的这两类划分，2015年增添了一种新的类型——主动争取型维权①。此类事件的一个典型就是被部分媒体或网友称为"保路运动"的抗争事件。如2015年河南新野、邓州两地居民均提出要求，希望郑万高速铁路襄阳到南阳段在自己家乡设站，为此两个城市的民间团体在多地发起集体活动。

随着经济社会的快速发展，越来越多的人对自身以及所处环境有了更多的认识和更高的要求与期待，当发现某种利益受损或可以争取时，往往会采取集体行动的方式进行抗争，这导致群体性事件类型的分化与增多。这种特征与中国公民权利意识增长有着非常密切的联系。

**2. 地域分布上，中小企业非常活跃的东南地区、调结构去产能的重要省区群体性事件发生率维持较高水平**

持续蔓延的全球性经济危机在2015年对中国构成重要冲击，并对群体性事件的发生情况构成直接影响。首先，大量民营经济苦苦支撑了几年之后，无法得到银行资金的进一步支持，以外贸出口为主的市场又不断萎缩，过去的银行贷款无法还

---

① 主动争取型维权是笔者提出的概念，指的是为了争夺某些特殊利益而引发的群体性事件，群体参与者的目的是通过集体行动，为自身争取一种原本不属于自己的利益。

清,银行不再有新的支持反而不断催还贷款;有的企业虽然通过民间高利借贷,却也难以长久维系,最后回天乏力。2015年,这类中小企业纷纷倒下,由此引发过去民营经济最为活跃的地区,如广东省,如今成为劳资纠纷和维权的重灾区。

其次,面对严峻的经济形势,国家发起了调结构、去产能的经济结构性改革。与此最相关的两个行业,一是煤炭行业,二是钢铁行业,都要面临企业大规模减产、工人大量转移安置的挑战。但事实是,经历了几十年的发展,围绕煤炭与钢铁生产的地区往往经济结构较为单一,当地经济无法很有效地转移安置大量裁减下来的工人,同时在职工人的收入也是直线下滑。笔者通过亲赴江苏某地调研了解到,当地煤炭行业工人工资水平较2012年下滑了近70%。以当地人的话讲,靠山吃山,现实也的确验证了这一说法,当地80%的财政税收是靠着煤矿直接提供,剩下的20%大多也都与煤炭加工、运输以及带动的其他服务行业有着不可分割的联系。如今煤炭行业断崖式下滑,周边相关产业全线受到波及,还要面临大量人员安置带来的挑战,因而给当地社会带来很多不稳定因素。目前,煤炭行业较为集中的河南、山西等省,钢铁企业突出的河北等省区,此类群体性事件较多。

可以预见,随着L形经济格局的确立,经济转型对传统一些劳动密集型、资源密集型产业的冲击将会持续,改革向纵深方向深入拓展会触及更多行业和更多人口。另外,在市场经济短期难以转好的情况下,广大中小企业的生存周期也会面临巨大挑战。国家虽然提出并鼓励"大众创业、万众创新",但受不利的市场大环境影响,那些最终失败的创业尝试某种程度上也会增加社会发生群体性事件的概率。

**3. 从时间分布看,群体性事件数量全年呈现出有规律的起伏**

全年的群体性事件分布总体较为均衡,逐月数据虽有起伏,但也可以发现某种规律性,结合历史研究的规律分析,群体性事件似乎成为一种"常态"。

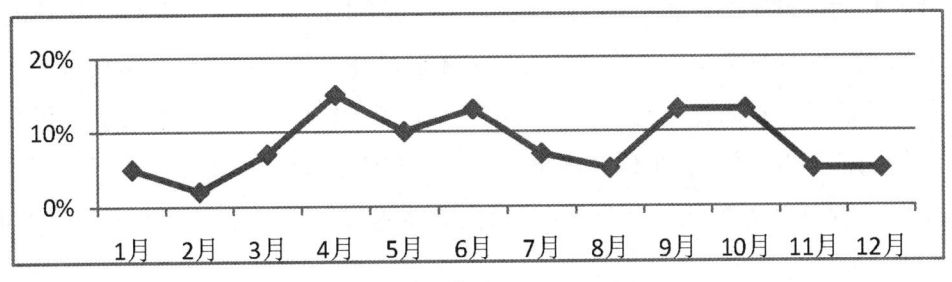

**2015年群体性事件逐月分布图**

虽然不是一种严格意义上的规律,但也可以视为群体性事件呈现出躲避寒暑的规律性特征。在一年中最冷和最热的月份里,群体性事件明显表现为数量的下降态势。天气原因固然可以被理解为一种影响因素,同时也可结合另外一种原因解释,即中国社会历来注重每年的春节团聚,此时劳累一年的人们也会选择暂时放下一些事情,度过一个平和安定的新年。政府在此时期也会加强社会问题的治理。因此年底至来年年初的几个月份,群体性事件数量明显减少。随着春节过后工厂企业正常开工,各种问题、矛盾就又一次浮上水面,因而从三月开始,群体性事件的数量就一直维持较高但相对平稳的水平。

**4. 从群体性事件的对抗双方来看,由传统的府民冲突为主开始转为民民冲突为主**

过去的几年里,很大一部分群体性事件是由各地政府开展土地征用、房屋动迁、兴建可能导致环境污染的项目等因素引发,因此利益冲突的双方多为政府与普通民众。很多涉及劳资纠纷、医患冲突、事故维权等方面的事件,由于政府过去管得太多而又处置不当,如习惯性出动警力对聚集人群进行强制疏散、掩盖地方负面信息不让媒体披露、偏袒维护一些地方企业等等,使得矛盾原本不是对准政府的事件,最后也变成了政府与社会的对抗事件。但是随着对社会实践的不断反思,首先中央明确要求各地在群体性事件中要慎用警力,其后各地各级政府也逐渐有意识地避免直接卷入矛盾成为其中的一方,群体性事件中的对抗双方逐渐开始朝着真正利益相关的群体转移。

2015 年群体性事件的主要诱发因素中,土地征用与环境保护涉及的双方基本上是府民关系,其他主要包括劳资纠纷、事故维权、房产纠纷、医患纠纷等基本上以民民关系为主。根据粗略的统计,民民冲突在群体性事件中的比例接近 60%,民民冲突已经上升到占据主导的地位。在中国,无论民间还是政府,向来有"官为民做主"的传统,但在处理一些社会矛盾纠纷过程中,政府一定要摆正自身位置,学会保持裁判员的身份,不应该越界下场参赛。事实上,在很多同类事件的处理过程中,政府行为一旦不当,极容易引火烧身,变为场上的运动员。以 2015 年热度较高的互联网专车事件为例,原本围绕专车的矛盾是在出租车司机与专车司机之间展开,如天津就发生过出租车与专车司机对峙[1],山西太原也发生了数百辆出租车与专车对峙的群体性事件[2];但同样围绕专车,在 6 月 10 日,广州却发生了一辆专车遭遇交警"钓鱼执法",引发广州专车司机集体驰援,大量专车聚集于广州大道,

---

[1] 《冲突再升级 出租车与专车对峙》,http://law.chinaso.com/detail/20150522/1000200032711721432277026401195362_1.html。
[2] 《太原出租车和专车当街"对峙",你怎么看?》,http://shanxi.sina.com.cn/news/report/2015-12-17/detail-ifxmttcq1699683.shtml。

要求有关部门现场"放人""放车",交通堵塞约4小时之后,被钓专车离开现场,人群才逐渐散去。① 可见,政府处理方式差异会导致自己卷入群体性事件角色的迥然不同。很多案例早已显示,政府不宜过多直接介入成为群体性事件的一方,这将使其在事件的后续处置中处于非常尴尬和被动的境地。政府应当始终保持一种客观谨慎的态度,维持一种较为中性的存在,为社会冲突事件做好充分有效的引导和客观公正的评判。

**5. 从事件过程中的方式手段来看,呈现出方法升级与影响放大的趋势**

发动者制造群体性事件的目的就是解决问题。过去群体性事件的处置已经陷入了"大闹大解决,小闹小解决,不闹不解决"的怪圈,因此将事情闹大,给事件相关的对方制造更大的压力,就成为群体性事件的一条基本路径,导致群体性事件参与者将"闹大"视为主要行动目标。从2015年的情况看,这种逻辑依然根深蒂固地存在并发挥着指导作用。但事件参与者为了扩大事件影响,采用的方式与手段进一步升级,造成的社会影响也更为放大。

主要表现在三个方面:其一,从低烈度的行为开始,层层上升直至严重威胁公共安全。例如广东普宁某村村民因国土、财务、水利、安居楼等问题,自2014年9月就开始多次在村里集会游行,后来3次集体上访,问题拖到2015年,4月2日晚8时,部分村民从高铁站后山扒开铁丝网进入高铁站站台,造成高铁半小时短暂停运,构成一个渐次发展、愈演愈烈的过程。② 其二,通过将矛头对准主要媒体或公众人物,推动议题设置。如泛亚事件中,中央电视台被指责曾为泛亚做过宣传报道,一些曾支持泛亚模式的公众人物,如茅于轼、郎咸平等也遭到网络舆论的指责,宋鸿兵甚至遭到围攻。③ 最后,多方联合,有组织有策略地系统化破坏行动。如公安机关已经查明的,黑龙江庆安、江西南昌、山东潍坊、河南郑州、湖南长沙、湖北武汉等一系列热点事件背后,存在着"维权"律师、推手、"访民"组成的群体,他们的"维权圈"里还有其他角色——专人负责拍摄现场情况,第一时间发到微信里;专人进行整理,发到境外网站。随后,一些网络大V进行评论、转发,从而给当地政府造成强大的舆论压力。④ 上述事件造成的社会影响都非常广泛,成为政府应当警觉的一种新现象。

---

① 王婧:《广州交委"钓鱼执法"引发专车聚集》,http://china.caixin.com/2015-06-10/100817963.html。
② 胡印斌:《普宁群体性事件的真相不能被掩盖》,http://www.chinaelections.com/article/790/237071.html。
③ 《宋鸿兵的教训,其实也是社会的伤疤》,http://news.sina.com.cn/zl/zatan/2015-12-14/10275109.shtml。
④ 《庆安等"维权"事件背后有黑幕》,http://news.sina.com.cn/o/2015-07-12/032032098375.shtml。

#### 6. 从事件形态上看，网络将线上线下紧密结合，成为推动群体性事件演化的重要平台

互联网早已改变了社会的信息传播模式，将现实社会与网络虚拟社会交织成一张紧密联系的互动网络，无论线下发生的事件规模有多大，都有可能于短时间内在网络空间形成一种大规模的风暴，并且线上与线下紧密呼应，线下的一举一动被随时放到线上，受到全社会的关注和讨论，从而对实际问题处理构成影响。如毕福剑在一场私人聚会中的不雅视频被放到网络，随即演变成为一场明显带有意识形态纷争的网络群体事件，最后毕福剑无法继续从事原来的主持工作。另一个更典型的事件是 2015 年全国"两会"前夕，以雾霾为主题的《穹顶之下》以第一天的浏览量就过亿的爆炸性传播速度震惊社会，成为上至最高级领导，下至平民百姓共同关注、讨论的话题，"全民刷屏""全民热议""全民转载"，构成强大的环境治理压力，成为一次最典型的超常规网络群体事件。

在中国社会转型尚未完成之际，干群关系、贫富差距、仇富心态、医患矛盾、权益纠纷等矛盾长期存在。当遭遇此类事件，网络通常被作为一种扩大舆论影响的途径。在网络群体性事件影响放大的背后，是中国网络版图的扩大。据报道，截至 2015 年 6 月 30 日，中国网民数量已达 6.68 亿，互联网普及率为 48.8%，手机网民规模达 5.94 亿，使用手机上网人群占比达到 88.9%。而移动终端平台的建设力度也在加快提升，微信覆盖了 90% 以上的智能手机，55.2% 的微信用户每天打开微信超过 10 次。同时，我国手机网络新闻用户规模达到 4.6 亿，网民使用率为 77.4%。未来，新闻传播与公众社会参与可能会加速整合，并通过移动终端实现，如果这一推断成为现实，网络群体性事件的数量与规模也将更加频繁和放大。

### 三、关于 2015 年中国群体性事件的基本结论

#### 1. 2015 年群体性事件的类型与经济状态存在明显关联，宏观环境对社会影响显著，决策者需要对经济新常态背景下群体性事件的特点进行深入分析，提早做出预防准备

2015 年群体性事件表现出来的一些新特征，与当前的经济社会环境明显相关。除了传统类型的群体性事件，即因强拆强征、官员腐败、环境污染等因素导致的群体性事件，2015 年增添了一个显著特点，经济金融领域逐渐成为群体性事件的高发区。

面对全球性的经济恶劣环境，中国经济也难以独善其身，下滑成为不可避免的结果。根据国家统计局核算数据，2015年中国GDP增速正式进入"6"时代，创1990年以来新低①，全年固定资产投资增速比2014年降低0.2个百分点，其中第一产业增速提高3.1个百分点，但第二、三产业增速分别回落0.1和0.4个百分点②，从宏观面进一步反映出经济形势的不乐观。而这种情况给中国金融业造成的影响就是，资金运作建立在虚拟概念之上，实体经济未得到实质性的发展，因此大量影子银行所运作的理财产品最终多数走向破产，投资者血本无归。

根据媒体报道，2015年涉嫌非法集资的案件，从金额、波及人数到辐射范围，比任何一年都来得猛烈，甚至进一步演化成社会群体性事件。③ 其中以P2P、私募基金、股权众筹之名新增的非法集资风险隐患最多。仅2015年1月至8月，全国涉嫌非法集资的立案就在3000件左右，涉案金额超过1500亿元。如果再加上e租宝、卓达、泛亚等"地震级"案件，涉案金额还会提高很多。从所发生的地区来看，除了河南、广东、江浙等传统高发地区外，山西、北京、河北、四川、重庆、新疆等的案发数量也在迅速增长。大量的投资者在巨大利益诱惑面前，既未在购买前被有效提示风险，又往往自动选择性忽视常识性问题，一旦风险爆发，求告无门，最终只能诉诸群体性事件的方式寻求帮助。面对上述情况，群体性事件的风险明显是可预期的，作为政府如果提早警示，并且采取有效手段，从相关政策法规入手，同步加强检查监督力度，危机则可能扼杀在萌芽状态。

**2. 权利意识的增强逐渐超出传统利益维护的框架，群体性事件治理不再是简单的满足经济诉求，而是涉及复杂的权利均衡，亟须构建健全且成熟的治理体系来应对**

随着社会的发展进步，公民的权利意识也同步得到加强，除了捍卫自身的经济利益④，为了某种权利而组织起来进行抗争的意识也正在快速增长。2015年，围绕着一些权利的争取，如教育权利、女性权利、同性恋者权利、社会保障权利等，引

---

① 《6.9%！专家：中国GDP增速正式进入"6"时代》，http://finance.china.com.cn/roll/20160119/3551729.shtml。

② 《2015年全国固定资产投资551590亿元 同比增长10%》，http://finance.china.com.cn/news/special/2015hgjjsjfb/20160119/3551684.shtml。

③ 吴红毓然、韩祎：《集资风险显露 高层严令排查》，http://weekly.caixin.com/2015-12-18/100889887.html。

④ 经济利益也可以理解为一种经济权利，但它的直接表现形式与其他诸如教育、婚姻、生育等权利又有着明显的区别，前者某种程度上更体现了一种本能，后者则需要更多的权利维护意识。

发了系列群体性事件。例如，3月19日，5名来自中山大学的学生聚集在广东省教育厅门前，呼吁教育平等，要求回收对同性恋有污名化的教材，并向有关部门递交举报信。① 在中国，受传统影响，主张同性恋权利的新社会运动虽然有所呈现，但多数时候仅表现为个性的言论表达，较少出现集体性的街头抗议行动。随着伴随互联网成长起来的年轻群体数量的增长，同性恋这一过去某种程度上带有禁忌性的话题已经变为实际行动，并走上街头争取社会的认同。

相比因直接的经济权益受损或者身体伤害引发的权利声讨，由民主、公平、正义等理念催生的其他一些权利的主张使群体性事件的性质发生了一个质变，它们背后已经不再是过去简简单单的讨价还价，"花钱摆平"那样简单，而是关乎社会政策、制度的根本性调整。例如关于公平教育权利，目前我国所处阶段还无法立刻打破各地教育不均衡的现实，北京、上海等大城市掌握太多教育资源，导致求学人口不断想方设法地挤入，城市规模也持续扩大，对于既有的利益，城里人不想放，城外的人想加入或将其打破，这种矛盾在过去可以被社会默认接受，但现在越来越多的社会舆论以及相关事件已经开始冲击这种结构。其背后牵涉太多的政策、制度设计，影响到成千上万的个人和家庭的利益，牵一发而动全身，改革调整的难度十分巨大，而今后将有越来越多的群体性事件是朝着这类权利发起冲击。教育权利如此，养老权利、医疗权利、交通权利等等，这些都会成为未来政府所要面对的挑战。

这些挑战要求政府政治体制体系尽快完善，治理能力快步提升，并且从现在开始就要有长远考虑的开始启动真正的调整甚至改革，对部分已经不适应当前和今后发展形势的利益分配结构进行调整，主动发起，积极改革，不要留待社会力量通过群体性事件的形式将问题推向被动和被迫解决的不利状态。

**3. 经济新常态下结构性转型与创新探索引发的群体性事件突然闯入，政府在短时间里无法应对，但可以在逐步适应后，开展有针对性地预防和治理**

经济下滑与社会转型造成两种社会矛盾在2015年的群体性事件中都有突出表现：一是经济结构性调整，某些行业领域大裁员；二是转型社会一些创新性的事物出现后遭受的抵制以及本身失误。

对于经济结构性转型造成的矛盾，焦点不仅在于简单地让煤炭钢铁等行业数千

---

① 徐静：《疑污蔑同性恋 11名中山大学学生举报教材》，http://gd.sina.com.cn/news/b/2015-03-20/detail-icczmvun6955105.shtml。

万人脱离，还包括他们今后的出路以及他们背后的家庭如何在未来社会中继续发展，并重新获得一种稳定安全的生存环境。同时，继续留在工作岗位上的人员如何推进企业的转型也是一项应该重视的问题。问题的实质很简单，就是一种行业改革的阵痛如何消化，这与历史上历次由于生产力发展而引发经济结构升级所造成的社会现象完全一致，只不过我们社会主义国家必须要为人民的生计进行前后考量，必须为他们的未来谋划好合理的出路。上海就曾经历过纺织业由辉煌到没落的历程，改革有阵痛，但必须坚持下去，各地政府要提前想好对策，分步骤地有序消化，而不能搞一刀切和简单甩包袱给市场，要做好充分的对接与一定阶段的社会保障，在一个长周期里让这股力量得到逐步释放。

另一方面，创新是目前国家大力支持的行动，但在这一过程中政府应该小心引导，加强监控。对于如网络专车这类在国际上都是新鲜事物的创新，不应急于盖棺定论地支持或否定，对于部分地区钓鱼执法直接打压的介入方式应适当约束，关乎这类问题，政府可以关注国际经验以及为国内局部地区的改革尝试开辟空间和机会。对于一些金融领域的创新性行为，则要时刻保持密切关注，在目前的经济形势下，金融领域的改革尝试如果出现失误，将会对经济恢复以及社会稳定造成更严重的冲击，这方面已经不是简单可以消除的群体性事件，而是关乎政治稳定的严重问题。

**4. 群体性事件参与主体"官退民进"的趋势是一个阶段性的机遇，政府要把握好时机加快内部改革与治理能力建设**

群体性事件表现出"民民冲突"为主的特征不是偶然。一方面，全国性的大规模动迁搞房地产的热潮到了2015年已经进入尾声，或者说是受到房地产开发严重过度负面因素的影响，很多地区已经在抑制动迁开发的热情，因而动迁这一重要的官民冲突源在数量上相对降低。另一方面，经济危机下的劳资纠纷、金融诈骗等数量急速增多，此消彼长，继而导致群体性事件牵涉主体中"官退民进"的现象。对政府而言，不直接卷入成为群体性事件的当事方，而成为第三方管理者是一个相对理想的状态。但这一阶段持续的时间或许只有几年，当这轮经济危机过去或持续几年后进入新的社会适应状态，下一步社会可能就会进入到以各种权利声张为主的群体性事件高发期，而那时矛盾的双方就又会回到府民之间，因为政府是唯一可以通过政策、制度等调适权利与利益分配的存在。

2015年政府开始全面推进权力清单制度改革，用权力清单确权，防止政府乱作为；用责任清单明责，防止政府不作为。通过清单制度明确政府各部门的权责边界,真正规范化政府权力运作。这一改革具有前瞻性,政府可以在本轮民民冲突增多的机遇期内练习如何在法律的框架下评判、处理、协调各种矛盾利益关系,做合格的法官、裁判。在更好地合理运用权力,以及更好地科学平衡利益的能力得到有效锻炼和培育之后,未来政府就会有能力合理平衡各种权利声索可能引发的社会矛盾。

**5. 群体性事件线上与线下的互动日益活跃,网络管控效果与群体性事件的发展演变存在息息相关的内在联系**

网络和信息技术的发展改变了整个社会的交往结构与方式。通过网络超时空获取大量舆论支持,可以使官员下马,可以让权益得以维护。互联网已经成为一种重要的资源,被有意识地运用在很多事件中。如2015年国庆期间发生在青岛的"38元大虾"事件,当事人将线下事件放到网络,迅速引爆线上讨论,并且形成一股强大的风暴压向了青岛这座美丽的城市。当地领导高度重视,并迅速调查处理此案,被视为一次线上线下互动群体性事件。而这种互动并未就此结束,就在"大虾"成为网络最火名词之后,随之而来的"31米蟹绳""25元清水鱼"等"搭车"事件,使得中国旅游景区价格乱象成为了社会共同讨伐的对象。

网络的力量已是一种重要资源,会引发其他各种力量的窥视。首先,资本力量介入,原本互联网的传播权就掌握在部分资本手中,他们在很大程度上可以左右互联网的传播内容及传播强度;其次,各种利益群体介入,他们的介入手段有多种方式,可以通过从某些控制互联网传播权的资本手中获得传播权,也可以通过网络大V、水军等引导和左右网络舆论。这些利益群体包括国内社会各种利益群体,也包括国外某些敌视中国的特殊利益群体。无论对于哪种群体,掌握了网络控制权就等于拥有了很大的权力,可以通过线上线下的互动,调动沉睡的社会力量或采取线上发声,或进行线下行动,形成对社会构成扰动的重要力量。

政府在应对这种线上线下互动局面的过程中往往显得力不从心,因为政府对网络的熟悉程度落后于很多普通网民,而且网络也不是政府想控制就完全可以控制的;政府在不想完全走入极端的情况下,只能更快地学会网络时代的技术,掌握网络舆论规律,比其他力量更好地运用网络资源。2015年,政府也的确推出了许多网络治理的行动,包括打击网络谣言、遏制部分大V的网络言论、加强舆论引导,等等,也取得了短期的净网效果。但从长久来看,政府必须尊重互联网的传播规律,只有做到线下及时有效地处理各种矛盾隐患,才能使网络群体性事件的发生失去根本的实践源头。

## 本辑特稿

# 突发事件应急指挥系统研究范式

## ——一个概念框架*

佘　廉　张美莲**

**摘　要**：应急指挥是政府响应和处置突发事件的重要环节，彰显了政府应急管理的能力和水平。我国突发事件应急指挥系统的研究明显滞后于现实需要。本文在归纳现有指挥系统研究范式基础上，提出一个全面的应急指挥系统研究范式，包括应急指挥客体即应急指挥的情景环境，应急指挥主体即应急指挥组织结构模式，应急指挥工具即应急指挥平台，应急指挥手段即应急指挥理念和方法。新的研究范式避免了对应急指挥系统"组织论"和"平台论"解释的不足，既结构化地分析重大突发事件的复杂情景及变化，又权变地理解应急指挥系统组织演化的动力与过程，以保障应急指挥系统的有效性与可靠性。

**关键词**：突发事件；应急指挥系统；研究范式

## 引　言

指挥一词源于军事学，我国历史上关于指挥理论和指挥艺术的总结浩如烟海，在现代我国军语中，指挥是指"军队指挥员及其指挥机关对所属部队的作战和其他

---

\* 基金项目：国家社会科学基金重大项目"突发事件语义案例库建设与临机决策模式研究"（14ZDB153）；北京市社科基金一般项目"北京市巨灾应急指挥系统可靠性识别、测度及实现研究"（15JD JG B049）；国家自然科学基金重大研究计划"面向应急决策支持的非常规突发事件案例推理的理论和方法"（91324203）。

\*\* 佘廉，国家行政学院应急管理教研部教授、博导，主要研究领域为预警与危机管理；张美莲，管理学博士，清华大学应急管理研究基地博士后，主要研究应急响应与危机学习。

行动的组织领导活动"①。而在美国,指挥一词直到 1984 年美国国防部出版的《军语词典》中才单独出现,其定义是"指挥官按军衔和职位合法地对部队行使的职权。指挥包括了负责有效地组织和运用现有资源的职责与权力,以及为了完成所受领的任务计划军队的运用和组织、指挥、协调、控制军队的职权和职责,还包括对部属健康、福利、士气和纪律所负有的职责。"② 从这个释义来看,指挥应包含职权和职责。然而,现在指挥不再仅仅是军事用语,早已运用于社会各个管理领域,泛指上级对所属下级各种活动进行的组织领导活动。随着世界范围内重大突发事件的发生,突发事件应急指挥也进入人们的视野。

## 一、应急指挥系统国内研究范式

国外有关应急指挥的研究由来已久,特别是美国,其应急指挥系统（Incident Command System）作为国家应急管理体系（National Interagency Incident Management System—NIMS）的核心,经过多年完善和发展,被视为灵丹妙药,"能够保障行政组织的控制高效,也能避免和克服组织惰性"③。2005 年卡特尼娜飓风之后也受到学者的质疑,有研究认为 ICS 能否成功,依赖于对 ICS 负责的执行机构及应急指挥中心,为此有必要进一步研究 ICS 在不同紧急情况下的应用④。国内有关研究发展较晚,目前有关突发事件应急指挥系统的研究呈现出两种范式,一是"组织论",把应急指挥系统视为组织结构体系或模式,另一类则是"平台论",把应急指挥系统视为指挥平台,研究应急指挥系统的硬件和技术。

前者如学者宋劲松⑤,他对我国多起重大突发事件的应急指挥展开了研究,从组织结构角度对汶川地震、玉树地震等灾害中的应急指挥问题进行分析；其研究不

---

① 总参谋部:《中国人民解放军军语》,军事科学出版社 1989 年版。
② Department of Defense, "Dictionary of Military and Associated Terms", http://www.dtic.mil/doctrine/ dod _ dictionary/（访问时间:2016 年 10 月 18 日）。
③ Gregory A. Bigley & Karlene H. Roberts, "The Incident Command System: High-Reliability Organizing for Complex and Volatile Task Environments", *The Academy of Management Journal*, 2001, 44(6):1281-1299.
④ Lutz, L. D. & Lindell, M. K., "The Incident Command System as A Response Model Within Emergency Operation Centers During Hurricane Rita", *Journal of Contingencies and Crisis Management*, 2008(16): 122-134.
⑤ 宋劲松:《突发事件应急指挥》,中国经济出版社 2011 年版；宋劲松、邓云峰:《我国大地震等巨灾应急组织指挥体系建设研究》,载《宏观经济研究》,2011 年第 5 期,第 8—17 页；宋劲松、邓云峰:《中美德突发事件应急指挥组织结构初探》,载《中国行政管理》,2011 年第 1 期,第 74—77 页。

仅分析了政府和专业层面的应急指挥系统，还提出了构建我国标准化的应急指挥体系的建议和设想。刘丹等[①]提出三峡水库防洪应急指挥组织行为规范的设置，提出了更适合我国国情的刚性和柔性复合、有层次和权威的、开放权变的应急指挥组织结构。后者如张强[②]，从技术构成的部分研究城市突发事件应急指挥系统。他认为技术构成主要是指城市突发事件应急指挥平台的建设，除了组织相关的专业技术队伍外，还包括应急指挥系统软件的设计和相应的硬件配备。霍彦[③]从系统总体、应用、安全以及实施等方面设计了我国大城市应急指挥系统。总之，有关研究还处于起步阶段，不同研究范式体现了研究者不同的研究背景。

实践中，两种范式下的应急指挥也仍存在很多问题。尽管"组织论"很大程度上接近于美国 ICS 的内涵，但是现实工作中尚且出现标准化和规范化的应急指挥系统。尽管我国突发事件应急指挥的基础即"一案三制"的建设近些年得到了加强，并在后来多次实践中发挥了重要作用，但是，这些更多是静态层面的，强调预防的角度出发的。[④]"统一领导、综合协调、分级负责、属地管理为主"的综合应急管理体制在实际中能否有效，关键取决于以应急指挥系统组织结构模式为基础的应急指挥体系的成效，但是现实中的突发事件应急指挥系统还存在许多突出问题有待解决。"平台论"视角下的应急指挥系统也处于蓬勃发展之际，我国国家应急平台体系的建设早已进入二期建设，但是各城市发展水平不一，也存在多个标准和是否兼容的问题，在突发事件响应的实践中是否能够有效发挥其辅助决策和应急指挥控制的作用仍有待检验。

有关应急指挥系统的研究，是否只有这样两个范式是本文思考的起点。两种范式的研究和实践都存在一定程度的不足，前者仅仅注重了应急指挥系统的组织结构形式问题，也就是说着眼点在应急体制上，而后者更多的只是技术和工具。如何弥补二者各自的不足，本文试图提出一个全面的分析框架。

---

① 刘丹、王红卫等：《非常规突发事件应急指挥组织结构研究》，载《中国安全科学学报》，2011 年第 7 期，第 163—170 页。
② 张强：《城市突发事件应急指挥系统研究》，武汉理工大学硕士学位论文，2007 年。
③ 霍彦：《大城市应急指挥系统研究》，天津大学硕士学位论文，2004 年。
④ 薛澜、马奔、王郅强：《美国突发事件应急指挥体系（ICS）及其对中国的启示》，公共管理与地方政府创新研讨会，2009 年 11 月。

## 二、应急指挥系统研究新范式的提出

突发应急指挥系统是否有效取决于应急指挥系统自身的完备性以及运行时的可靠性。从指挥系统的角度而言，应急指挥系统自身的完整性应当考虑指挥客体、指挥主体、指挥手段和指挥工具等各个方面，而运行时的可靠性则需要从系统要素自身及其交互作用出发进行研究。文章试图从系统要素出发，借助网络中心战时代战争指挥控制的场域要素理论①，提出突发事件应急指挥系统研究新范式的分析框架（见图1），在该分析框架包括应急指挥的客体情景特征、应急指挥的主体组织模式、应急指挥的方法和理念以及应急指挥的技术平台四个内容，既涵盖了现有组织论和平台论下的研究，同时还弥补了不足。

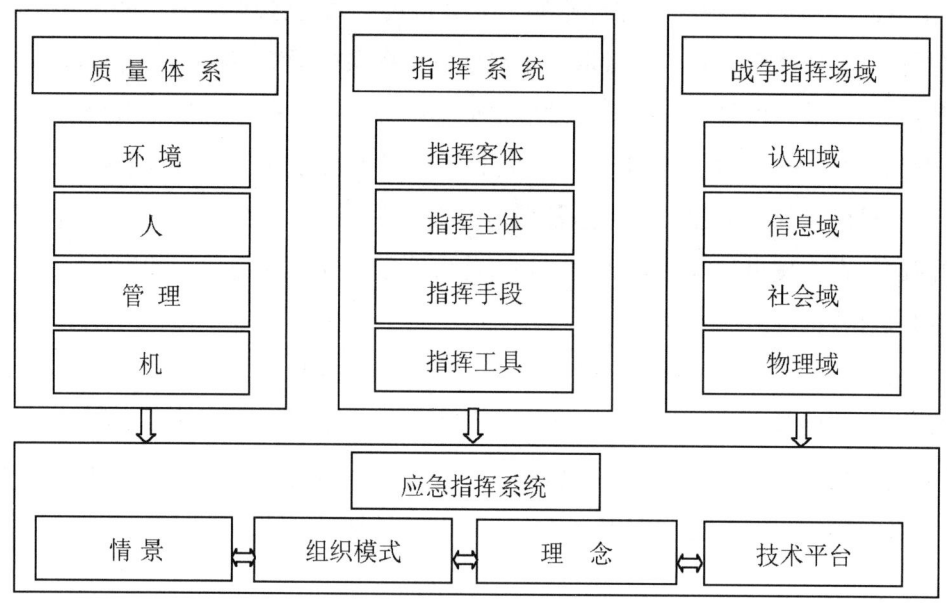

**图1 应急指挥系统研究新范式框架**

---

① David S.Alberts, Richard E.Hayes, *Understanding Command and Control*, CCRP（Command and Control Research Program Publication Series），2006.

## （一）应急指挥的客体——突发事件的情景

应急指挥的客体是突发事件的情景，认识情景是科学制订应急预案，合理开展应急物资的选址、布局和调配以及应急实时决策的前提。对情景进行研究是为了更清晰地认识极端事件紧急情况下的各种情景特征、情景的演化规律和路径及其可能的影响，进而为决策指挥做准备。因此要分析应急指挥的客体和对象，必须要先了解什么是情景，情景的构成和属性，情景间关联以及情景的结构化描述等。

对于一般或者常规突发事件而言，事件性质和属性相对简单，人们对于这类事件的描述以及如何应对处置已有所掌握，但是随着现代社会的不确定性不断增加，各类非常规突发事件日益凸显，成为各级政府应急管理的重难点。对于这类事件的研究起步不久，究竟如何对非常规突发事件进行结构化描述，其可能的演化路径是什么，如何确定非常规突发事件的关键属性以备决策等都还在研究当中。

国外"情景"概念最早由学者 Herman Kahn 和 Wiener 提出，他们认为情景是对未来情形以及能使事态由初始状态向未来状态发展的一系列事实的描述。国内黄钧等（2009）认为情景是决策主体所面对的突发事件发生、发展的态势。[1] 李仕明等（2009）认为情景是基于某种主观意愿（意图或目的）的、对事物状况及其发展趋势的一种规划与设计，是事物的发生、发展的"情势"和"景况"的综合。[2] 相比较而言，前一种观点并没有指出情景的实质内涵，态势的具体外延并没有揭示出来，其"情景"一定程度上是纯粹客观的，而后一种观点则不完全是客观的，它包含一定的主观成分，或者说这个定义理解的情景是包含了人的主观影响及其结果的。此外，王文俊、徐卓群等认为情景是指"某一时刻现场的情景或应急处置力量的状态，包括空间的信息、伤亡信息和资源消耗等"[3]。这个定义指出了情景包括极端事件发展和演化的某一时刻现场的空间信息、伤亡情况，并且也包括了应急处置力量情况以及各类资源的消耗。王文俊视情景为一种快照（Snapshot），反映了现

---

[1] 姜卉、黄钧：《罕见重大突发事件应急实时决策中的情景演变》，载《华中科技大学学报》，2009 年第 1 期，第 104—108 页。

[2] 李仕明、刘樑、王博等：《突发事件应急管理中的情景研究》，第四届国际应急管理论坛暨中国（双法）应急管理专业委员会第五届年会，2009 年 12 月。

[3] 王文俊、刘昕鹏、罗英伟等：《应急事件 Ontology 语义模型及其应用》，载《计算机工程》，2005 年第 10 期，第 10—13 页。

场或所有应急处置力量在某一时刻的所有信息和全面状态,尽管概念中并没有全面指出,但该概念基本揭示了情景的内涵外延,也为进一步理解和完善"情景"定义提供了思路。

与一般突发事件相比,非常规突发事件具有复杂的情景,其演化路径常常不可预知,从事件的爆发初始为起点,事件的结果是多样的,在未来多种潜在的结果都有可能出现;并且通向结果的途径也不是唯一的。非常规突发事件的情景是基于某一时刻的未来可能的图景与实现这种图景的路径的描述总和,情景包括起因、导火索、利益相关者或影响者、事件现场或灾害地点、应对策略和预案、响应队伍和人员、救援物资设备等。而这些情景要素又不是孤立的,彼此间相互作用;或者可以分为致灾因子、承载体和孕灾环境及相互作用等。

非常规突发事件情景的根本特征就是不确定性,可以从以下几个方面来考虑:

首先,事件本身的不确定性,包括事件或灾害的起因、种类、数量、严重性和迫切性等不确定,事件或灾害因子间潜在的关联,事件或灾害因子的演化机理和路径不确定,事件或灾害情景在时空上的分布和特征不确定。不同情景间的顺序关系和因果关系也不确定。

其次,由于事件爆发初期事件性质的难以短时间内确定,事件将如何演化发展也不确定,为此事件的响应主体和参与者不确定,启动什么预案不确定,事件升级后的救援力量和所需救援物资的数量和调配也不确定。

再次,由于事件爆发后演化路径的不确定带来事件响应和救援阶段目标的不确定,究竟哪些部门参与响应,各部门之间谁主谁辅,多部门何时参与又何时退出不确定。此外多部门参与后的各自救援目标如何与总目标一致也存在疑问,现实中常出现救援目标冲突的现象。

(二) 应急指挥的主体——应急指挥系统组织结构模式

在应急指挥中,人是能动性强的重要因素,人能否科学地决策、及时地指挥、严格地控制和执行、积极防范地动员都成为影响突发事件响应成功的重要因素,因而研究应急指挥的主体要素的构成及其基本模式很有必要。前面指出,应急指挥不仅是分层的,包括战略层的决策者、战役和战场层的执行者,应急指挥还是多目标的,故而应急指挥各层次的主体也包含多目标的执行主体,在现实中常体现为政府各部门的人员参与。突发事件的应急指挥究竟由哪些人员参与,各类人员如何快速成立应急指挥组织，并确定组织目标并执行等都是有待研究的问题，本节重点讨论国内外现有应急指挥组织结构模式。

目前有关应急指挥系统的类别问题在各国基本都有政府应急指挥体系、专业救援应急指挥系统和企业应急指挥系统三大类，但是无论是哪一种，都不是固定的组织，应急指挥组织都是临时性的组织，往往是随着突发事件的爆发而形成，又随着事件的解决而解散。但是这种以官僚制和科层制为特征的各国政府应急指挥体系严格限制了组织的灵活性以有效应对复杂模糊且不稳定的任务环境，因而大量管理者开始尝试新的组织形式，类似"Hybrid""Network""Virtual""Temporary Organizations""High Reliability Organization"等词语都是用来表示这类新出现的组织形式和组织原则。"据说这些新的组织形式可通过更有机的临时的组合和任务安排实现灵活性和混乱条件下一定程度的可靠性"，美国卡特尼娜飓风之后，有关其应急指挥组织模式的研究也成为热潮。研究者认为组织间目标冲突，组织间各自迥异的惯性行为方式，组织间行动原则的不一致等原因导致了组织间协调的失效。

国外典型的突发事件应急指挥组织模式有美国的应急指挥系统 ICS、英国的"金、银、铜"三级指挥体系、日本的应急指挥体系（中央防灾会议、都道府县防灾会议和市町村防灾会议三级）等。不同国家的应急指挥系统的组织模式在此不再赘述。

反观国内情况，突发事件应急指挥组织模式研究处于探索阶段，学者们针对行业突发事件的特征提出了相应的模式。目前有关文献主要是介绍国外 ICS 做法或对国内突发事件应急指挥模式进行归纳和借鉴。从体制角度出发，研究者提出城市突发事件应急指挥模式有"集中模式"和"分散模式"两种。[①] 类似的还有"指挥—控制"模式、合作模式[②]、后方应急响应组织结构和现场应急响应组织结构及其运行模式[③]等。上述皆为研究者理论上的思考，而实践中我国各大城市突发事件应急指挥系统（应急联动系统）建设也呈现出较大差异，有其各自的特点和适用情况。从体制角度来看，南宁、上海、北京和扬州四个城市所对应的模式分别是集权模

---

[①] 池宏、祁明亮、计雷：《城市突发公共事件应急管理体系研究》，载《中国安防产品信息》，2005 年第 4 期，第 42—45 页。

[②] 张海波：《当前应急管理体系改革的关键议题——兼中美两国应急管理经验比较》，载《甘肃行政学院学报》，2009 年第 1 期，第 55—59 页。

[③] 唐攀、周坚：《非常规突发事件应急响应组织结构及运行模式》，载《北京理工大学学报》，2013 年第 4 期，第 82—89 页。

式、授权模式、代理模式、协同模式。① 这四种模式的具体内容和解释在很多文献中已有论及，在此也不再阐述。另外实践中还存在巨灾中的军地联合指挥模式。

上述几种模式代表了我国目前应急指挥模式的现状。各模式按照"一案三制"中有关应急指挥的组织体系、运行机制、指挥保障的些许规定结合各自城市的现实条件和特点建立的，都有其优缺点。可以说目前没有哪个模式是最佳的且放之四海皆准，有关应急指挥系统的组织结构模式可以多种多样，只要其形式灵活，指挥运行柔性，都可以采用。但随着我国应急管理实践的深入发展，研究适合我国国情的标准化的应急指挥组织结构范式是未来发展的必然要求。此外（非常规）突发事件的特殊情景与军队作战有一定相似性，还可以借鉴目前军事理论中的军事指挥模式来丰富和完善应急指挥模式，一定程度上可以为我们建立科学合理的突发事件应急指挥组织模式提供新的模式。

### （三）应急指挥的手段——基于目标的应急指挥系统功能分析

在突发事件的应急处置和响应过程中，指挥是重要的任务，不同类别的突发事件其指挥的目标也有一定程度的差异。

美国国防部指挥与控制研究计划（CCRP）执行代理 David S. Alberts 博士曾指出，指挥应当发挥以下功能："（1）确定目标，（2）决定任务角色、职责以及关联，（3）建立规则和约束、计划，（4）监测和评估情景和变化发展，而一个好的指挥者和管理者还应，（5）实现激励鼓舞、建立互信，（6）培训和教育功能。"②而美国国防部规定信息作战指挥控制的功能如下："（1）将政策转变为军事命令，确保在战场中不违反政策；（2）持续地对当前军事态势进行评估；（3）制定决策和计划；（4）将计划传达给下级，确保他们协调行动；（5）预测未来可能出现的需求；（6）执行战略作战，如心理战；（7）提供包括技术和行政上的各种专门服务。"③ 比较上述两种观点可以知道指挥控制有这样几个共同的目标和功能，即确定目标、发出命令、态势监测与评估、制订计划和执行等。

---

① 邹逸江：《城市应急联动系统的研究》，载《灾害学》，2007 第 4 期，第 128—133 页。

② David S. Alberts, Richard E. Hayes, *Understanding Command and Control*, CCRP (Command and Control Research Program Publication Series), 2006.

③ Lim, S. C., *Network Centre Warfare: A Command and Control Perspective*, Naval Postgraduate School, 2004.

一切社会活动都有其明确的目的。军队中的指挥控制，其直接目的就是提高部队整体效能，间接目的就是夺取作战胜利。而突发事件应急指挥的目标则是抢险救灾以控制突发事件的事态使损失尽可能降低。应急指挥的目标和功能具有层次性，在不同级别的应急指挥中，指挥具有不同的功能：战略层面的指挥，关注的是如何通过确定救援队伍目标、属性、权责、性能等来实现应急响应和处置的成功；战役、战术层面的应急指挥或现场指挥关注的是为了完成特定的目标应该如何运用小组的资源，即人员、物资、体制及其关系。

新世纪后多起错综复杂的重大突发事件迫使应急管理者改变自己经验主义的指挥方式和手段，越来越多地利用新的技术和手段，信息的高速发展也使突发事件的应急响应目标和任务发生巨大变化，基于情景的突发事件响应目标也复杂起来，目标导向下的应急指挥手段也发生变化，提供给了更多行动方法和过程的选择，并且可以通过改变突发事件情景来不断改变灾害或事件态势。诸多因素，使重大突发事件应急响应和处置的指挥控制变得更复杂。概括而言，突发事件应急指挥是在对突发事件信息和应急队伍基础上实现对突发事件情景、应急指挥组织结构、应急指挥业务流程等交互作用的指挥和控制。

### （四）应急指挥的工具——应急指挥平台

在应急指挥主体和客体都明确的情况下，还要对应急指挥的工具即应急指挥平台进行分析。如果前面的应急指挥组织结构模式和突发事件特殊情景是应急指挥系统的软层面，那么这里的平台则针对的是硬件层面。对于突发事件的应急响应而言，软硬层面都不可偏废，无论缺失哪一部分都不可能及时有效处理各类突发事件。进入新世纪以来，我国自然灾害类事件频发，如何实现应急处置的快速性以减少人民群众的生命和财产损害以及灾害迅速恢复等，离不开一个能整合各种资源及信息的应急信息平台的保障作用，因此应急信息作为保障，应急平台建设滞后对突发事件处置产生严重影响。

发达国家早已加强应急技术的研发和一体化应急平台的架构，美国"9·11"之后应急联动中心（简称"911"中心）遍及每个城市从而构成了完整的NIMS，美国的EOC中心；英国建立了集成应急管理平台（IEM），增强应急机构间的协调与协作能力；联邦德国先后建立危机预防信息系统（deNIS和deNISII），为联邦和地方政府决策者的信息沟通、事件响应提供信息网络支持，更好地为突发事件的援救提供服务。欧盟也在2000年建立了一个基于卫星通信的网络基础架构（E-Risk系统），为其成员国实现跨国、跨专业、跨警种、高效及时地处理突发公共事件和自然灾害提供支持服务。

国内应急指挥系统"平台论"范式的研究主要从技术的角度进行。国内有关研究始于2004年清华大学等单位，随后大量文章介绍国外先进应急平台。应急平台建设是应急管理的基础性工作，应急平台由基础支撑系统和综合应用系统两大部分组成，即硬件支撑和核心应用。在2012年4月举办的第三届中国应急管理信息化高峰论坛上，国务院应急管理办公室主任陈建安指出，自2005年国务院发布实施《国家突发公共事件总体应急预案》，中国应急管理工作已有重大进展，国家应急平台体系初步建成。常见的"应急联动系统""应急指挥平台""应急信息系统"和"应急信息平台"等词语都是应急平台的不同侧面，具体内涵并不完整，其发展了代表了国内一些城市在应急平台建设上的特点和水平。目前全国大多数城市都开始了各自尝试和努力，建立起了多部门、多灾种、多层级的应急平台，各具特色，主要的模式有：多警合一的接处警模式；多种通讯方式相结合的应急指挥通讯模式；结合图像监控的视频会议模式；信息管理系统模式；应急联动指挥模式等。这些模式存在的主要问题如下：

首先，各地模式都是一些应急平台开发公司产品的应用，开发商对于应急管理理解的局限性制约了系统在实际中的应用，并且不同开发商的系统方案和运用效果差别较大。这种差异一定程度上与应急平台的定位模糊有关。究竟是部门应急平台，还是综合应急平台，还是以政府综合应急部门如应急办为主建立都存在疑问。不同定位其平台的建设差别较大且弊端也不同。

其次，如何把握好因地制宜的问题。由于我国东西部地区主要的灾害类别存在差异，因此在国家应急平台建设统一规划和原则之下还需要考虑各地实际情况。

再次，平衡软件和硬件建设的问题。我国向来有重视硬件建设而忽视软件层面建设的惯例，自2006年我国政府将应急平台建设作为应急管理工作的一项重要工作以来，各地各级政府纷纷购置大量硬件设施设备，花重金打造应急指挥场所和指挥中心，却忽视了整合信息资源，建设和完善各种制度和机制、应急平台系统的应用等软性因素。须知只有平衡好软硬件建设才能最大程度地发挥政府应急平台的作用。并且很多应急平台建设完成后，由于使用较少，设别的维护和更新、信息的充实和完善跟不上很可能会导致系统滞后实际需要。

总的来说，目前我国的应急平台建设还不是十分完善，不同模式下的应急平台在实际生活中发挥了一定作用，但在极端复杂的突发事件情景中仍难以奏效。其中不乏技术因素，但是更多的是管理因素，信息技术只是方法，如何整合应急响应中的复杂信息，实现不同级别的信息平台间数据共享，以及互联互通是实现应急快速响应的关键。各级应急平台不能脱离业务而孤立存在，对于不同类别的突发事件应急平台中应有足够的体现，只有真实客观反映突发事件的自然属性才能做到真正的与事件本身结合起来，与突发事件的处理人员结合起来，使管理人员、应急平台和发生的突发事件高度融合，这样才能充分发挥应急平台在应急管理和实践中的积极作用，更好地实现应急平台的技术提升离不开对突发事件复杂情景的理解和响应处置业务流程的规范化和科学化。只有全面深入把握不同类别突发事件的应急过程和应急流程，才可以利用计算机软件技术和网络技术建立一个科学、高效的应急平台。

## 三、对应急指挥系统研究新范式的理解

如何使应急指挥系统更符合系统论要求是提出新的应急指挥系统研究范式的潜在逻辑。把突发事件的情景作为系统客体认识，动态地分析情景与系其他要素间交互作用下的系统运行，既符合当前非常规突发事件"情景—应对"研究范式的趋势，也是权变思想的客观要求。新范式下系统的目标，就是该范式下应急指挥系统既可应对常规突发事件，在非常规突发事件下也能够发挥较大作用。这是非常规突发事件下系统权变和柔性的客观要求。

（一）新范式下系统要素的交互模式

借鉴军事理论的概念有助于突发事件的应急指挥研究。如网络中心战时代的指挥与控制（command and control）这个术语包含的内容要素覆盖了战争的四个场域，即物理域、信息域、认知域和社会域。四个场域之间存在一定的交互作用，体现在物理域和信息域，认知域和社会域之间，如图2所示。在图2中，在物理域有

指挥控制传感器、系统、平台和设施;在信息域有信息收集、发送、接入、显示、处理和存储;在认知域有对信息陈述和含义的理解;在社会域有着那些决定着组织和条令的个体和实体之间的指挥控制处理和交互作用。优势力量的原则既可以用于工作的组织和管理,又可应用于系统的设计和构建。至于指挥控制,工作的组织和管理的应用基本属于认知域,而信息结构的应用则主要联系着物理域和信息域。这四个域共同构成战争中的一个指挥与控制系统。

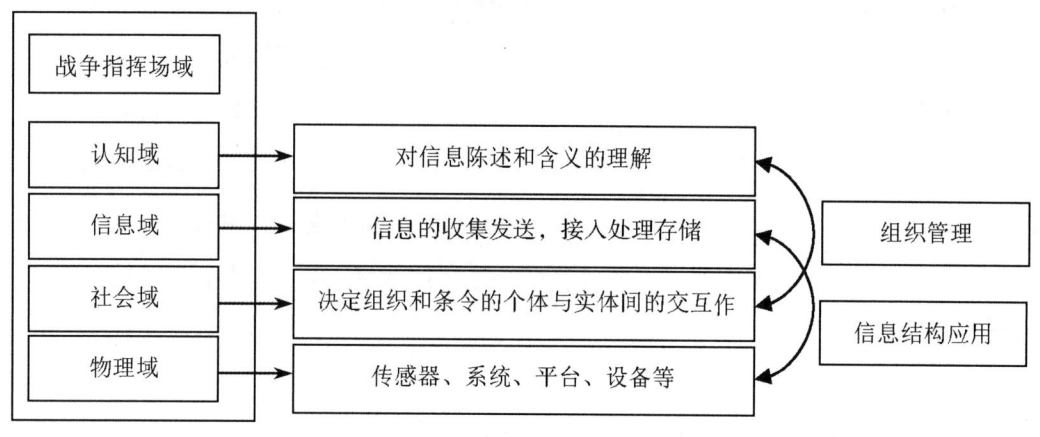

**图 2　战争指挥控制的场域交互作用**

图 3 中,突发事件的情景、应急指挥组织结构模式、基于目标的应急指挥理念和手段,以及作为决策指挥辅助的工具应急指挥信息平台共同构成了一个完整的应急指挥系统,各系统含义和内部构成如前所述。

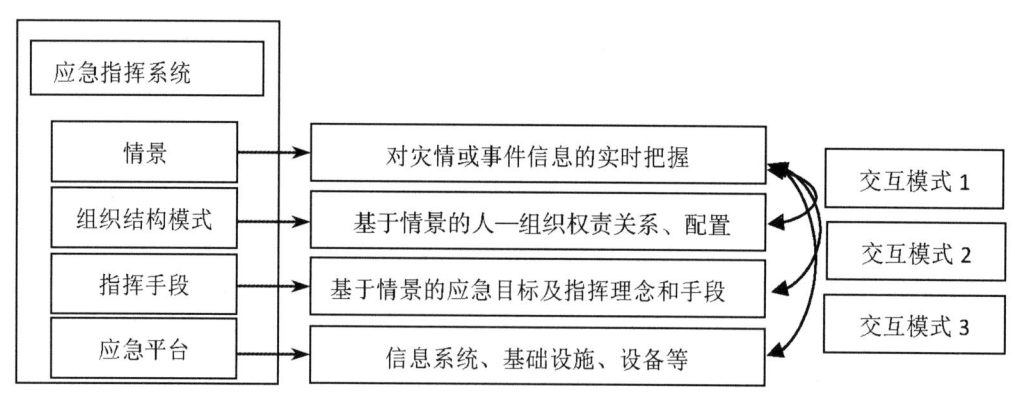

**图 3　应急指挥系统要素交互模式**

借鉴网络中心战场域要素的交互理论,对灾害或者事件指挥系统的场域间交互模式进行分析,至少有以下三种:

**交互一：情景—应急指挥组织结构**

就突发事件情景而言，可以根据不同类别突发事件分为四种情景，不同类别、严重程度不一的事故灾难或事件情景在不同城市，其响应的主体是不一样的。例如，一起火灾事故和一起地震灾害，其响应和指挥的主体不一样。同样一种社会安全事件，在北京和在广州，其响应组织的构成不一样。

**交互二：情景—应急指挥手段**

由于交互作用的存在，一个有效的应急指挥系统在指挥手段上必须是组织结构模式灵活、应急指挥平台信息反应灵敏、应急指挥手段柔性并能在有限时间内实现应急目标的系统。

**交互三：情景—应急指挥平台**

应急指挥平台的主要功能是实现对突发事件的监测监控、预测预警、信息报告、辅助决策、调度指挥和总结评估。情景—应急指挥平台交互模式下需要考虑突发事件发生和演化各阶段的信息处理过程，在事件爆发期，需要确定事件性质和严重程度以启动相应响应级别和预案；在事件蔓延发展期，要通过系统平台的大屏幕实时获取信息和介入图像以便会商决策。

## （二）应急指挥系统研究新范式的基本目标

我国自《突发事件应对法》正式实施以来，逐步建立了统一领导、综合协调、分类管理、分级负责、属地管理为主的应急管理体制。在现场应急指挥系统的建立与运行机制上，一些省市进行了实践创新，如2014年年初广东省发布了《广东省突发事件现场指挥官制度实施办法（试行）》（粤府办〔2014〕1号），其中不仅对应急指挥要遵循的原则进行了规定，还明确了现场指挥官的职权和职责，同年上海市政府办公厅也发布了《关于进一步明确突发事件应急处置现场指挥的意见》。尽管有很多尝试，但各地各部门在突发事件应急指挥机制上的"摸着石头过河"实践也面临着深层次上的困难。如"属地管理"原则在地方政府和中央垂直管理部门的协调沟通过程中很难处理和把握，"分级负责"原则也常常因事件信息不充分和分级不清晰在研判中造成困难。

结合国内关于突发事件应急指挥系统"组织论"和"平台论"的研究，文章探索了突发事件应急指挥系统研究的新范式，认为突发事件应急指挥系统的研究应当包括应急指挥的客体、主体、手段以及工具，这种新的思路避免了仅仅从组织角度或者系统平台的角度对应急指挥解释的不足，既结构化地分析重大突发事件的复杂情景及变化，又权变地理解应急指挥系统组织演化的动力与过程，以保障应急指挥系统的有效性与可靠性。之所以提出这种新的综合性的思路及其交互模式的考虑，旨在使突发事件应急指挥系统具备以下特性：一是实现应急指挥组织机构具有一定的伸缩性和弹性；二是实现指挥流程的规范和一定程度上的机动空间；三是使各应急响应的部门能够明确上下级之间、综合协调部门与专业应急机构之间、分类管理和属地管理之间的关系等。特别是能够剖析应急指挥过程中出现的多层级、多部门应急指挥主体间的责任划分、权责匹配、流程控制、业务持续、资源支持、技术保障和沟通协同等问题的成因与对策机理。

# 本辑话题

# "治理现代化"背景下的中国应急管理[*]

牛皓宁[**]

**摘　要**：应急管理作为人们应对危机与突发事件的工具，始终面临着现代化的要求。在"治理能力与治理体系现代化"的压力与动力下，中国应急管理工作机遇与挑战并存。这需要我们重新梳理以"一案三制"为核心的现行应急管理架构，并在政府、市场、社会三者关系动态调整的背景下考虑其未来的框架。

**关键词**：治理；现代化；应急管理

## 前　言

"治理"① 理论诞生于20世纪80年代，在当今的政治、经济、社会诸领域，起着框架性的解释和指导作用，目的是为了回应"现代化"或"全球化"过程中所产生的各类问题。国内学术界在20世纪的最后10年开始了治理理论的研究，在这个过程中，部分学者逐渐认识到西方治理理论与中国本土治理理论之间存在错位现象，而实践层面的国家发展和治理表明，治理理论只有在本土化的基础上才能实现

---

[*] 本文受国家社会科学基金重点项目（14ZDB153）子课题《新时期突发事件语义案例建设模式创新研究》资助。

[**] 牛皓宁，国家行政学院博士研究生，研究方向：应急管理、公共安全。

① 联合国发展署对治理的定义：治理是一套价值、政策和制度的系统，在这套系统中，一个社会通过国家、市民社会和私人部门之间或者各个主体内部的互动来管理其经济、政治和社会事务。

理想的重塑。① 从这个意义上讲，"治理能力与治理体系现代化"的提出恰是"治理"理论与中国特色社会主义建设相结合的最新产物。

"现代化"始终是过去一百多年中国发展的主题。② 为此，自"五四运动"以来，"现代化"一直以其正面的形象出现在官方及民间的词典中，不容置疑地被放置在国家软、硬件建构的首要位置，并将这个目标形象化的称为"现代化国家"。

自20世纪70年代"四个现代化"正式进入中国官方话语体系后，"现代化"概念的发展大致历经了三个阶段，而"国家治理体系及治理能力的现代化"无疑是其最新的表述，目的是在"经济现代化"和"社会现代化"的基础上实现"政治现代化"，故而可以被称为"第三代现代化"。③ 同时也清楚地表明"四个现代化"在实现工业、农业、科技和国防现代化的过程中不断带来了国家、经济、社会三个方面的新的问题与困难，即现代性导致稳定，而现代化导致不稳定④，尽管各国的国家、经济、社会发展的现实未必能证明这是一条根本性规律，但起码要求我们严肃地面对这样一个话题。

为进一步解释现代化带来的治理问题，西方学者将"风险"的概念引入社会管理的背景中，创造了"风险社会"的概念，称风险社会⑤乃是"现代化"的逻辑和现实结果之一。如果我们能接受这一论述，对"风险"的治理就应该成为实现"第三代现代化"的手段之一。事实上，在"治理能力与治理体系现代化"这一宏大的课题提出之前，"风险"治理的过程就已经在公共安全领域展开了，"应急管理"就是其中的工作之一，并在诞生伊始就迅速地在制度层面向"现代化"方向演进。

## 一、应急管理与现代化的关系

风险与应急管理通过"突发事件"联系起来。风险是概率，而突发事件是发生

---

① 王浦劬：《国家治理、政府治理和社会治理的基本含义及其相互关系辨析》，载《社会学评论》，2014年第3期。
② 胡鞍钢：《中国国家治理现代化的特征与方向》，载《国家行政学院学报》，2014年第3期。
③ 何增科：专家圆桌，"第五个现代化启程"在人民日报编辑部、清华大学政治学系、人民论坛网的会议上的发言。
④ [美] 塞缪尔·P. 亨廷顿：《变革社会中的政治秩序》，王冠华等译，生活·读书·新知三联书店1989年版。
⑤ [德] 乌尔里希·贝克：《风险社会》，何博闻译，译林出版社2004年版。

的事实。现代化在"器物"层面，是科学与技术的发展，但人类理性的限度使得发展始终与问题相伴。发展为解决问题，解决问题的过程产生新问题，由此就产生了"现代化—风险—突发事件—应急管理—继续现代化"的循环。现代化孕育了风险，制造了突发事件，更相对应的发明了应急管理，使得三者在现代化的过程中即统一又对立。

2003年4月16日，随着国际卫生组织正式定义了SARS[①]，"非典"也就成为了那一年所有中国人的共同记忆。如果我们把观察的视野扩大一些，那之后的中国经济增速迅速达到了10%以上，现代化的步伐势不可挡。这么说来，非典可以称作在那之前的发展所积聚的风险的集中释放，并顺理成章地成为现代化背景下中国应急管理的初次亮相。比如要素市场化所导致的人口的跨地域流动带来的管理问题在非典中表现为在中国南方发现的疾病最终在北京大面积的爆发并使得局势急转直下。2011年7·23甬温线特别重大铁路交通事故则暴露出国家、社会、个人在高速发展的过程中的种种不适应，铁路事业的发展由于对风险的低估以及事故发生后铁路部门应急管理工作的失当和社会舆论的非理性渲染而遭受了极大的干扰。2013年山东省青岛市"11·22"中石化东黄输油管道泄漏爆炸特别重大事故则提醒我们，作为现代化重要标志的城市化不仅仅带来了优越的物质生活条件，如果忽视了其中的政策风险、技术风险，城市化所带来的成果也可能在极短的时间内灰飞烟灭。有人说现代的应急管理工作是由突发事件的发生来推动的，也进一步生动地阐释了前文所述应急管理与突发事件的对立与统一。

## 二、中国应急管理现代化成果与存在的问题

管理作为政府的"标签"，自然使得政府承担了"应急管理"的绝大部分责任。非典之后，鉴于其带来的经验与教训，国家迅速启动了应急管理的法制化、规范化工作，在2007年颁布并实施《中华人民共和国突发事件应对法》的基础上，基本建成了以"一案三制"为核心的中国应急管理体系，即前文提到的制度层面的现代化。

应急预案方面，在2004年，召开国务院各部门、各单位制定和完善突发公共

---

[①] 重症急性呼吸综合征（SARS）为一种由SARS冠状病毒引起的急性呼吸道传染病，世界卫生组织（WHO）将其命名为重症急性呼吸综合征。

事件应急预案工作会议后,由国务院办公厅分别印发《国务院有关部门和单位制定和修订突发公共事件应急预案框架指南》和《省(区、市)人民政府突发公共事件总体应急预案框架指南》,并在中央政府层面编制了包括《国家突发公共事件总体应急预案》、25 件专项预案、80 件部门预案在内共计 106 件各类预案,各省市、企业也依据各自情况编制了相应应急预案。现在这些预案已经成为各级政府应急管理工作的重要依靠和保障,成为突发事件事前预警、事中处置、事后调查的有效工具。

应急管理体制,有学者将其定义为:国家机关、企事业单位、社会团体、公众等各利益相关方在处置突发事件时在机构设置、领导隶属关系和管理权限划分等方面的体系、制度、方法、形式等的总称。① 在国家层面特别强调应急管理机构和相关制度的建立健全,并根据"国家建立统一领导、综合协调、分类管理、分级负责、属地管理为主的应急管理体制"的原则指导,依照《国务院关于实施国家突发公共事件总体应急预案的决定》(国发〔2005〕11 号)和中编办《关于增设国务院办公厅国务院应急管理办公室的批复》(中央编办复字〔2005〕47 号)的要求于 2006 年 4 月设置国务院应急管理办公室,承担国务院应急管理的日常工作和国务院总值班工作,履行值守应急、信息汇总和综合协调职能,发挥运转枢纽作用。在省市县级政府,也设立相应职能机构负责本级政府应急管理日常工作和值班工作。

应急管理机制,其建立的目的之一是保障应急管理体制切实发挥作用,做到统一指挥、反应灵敏、协调有序、运转高效,内容主要包括监测预警机制、应急信息报告机制、应急决策和协调机制。在应急管理体制初创尚未完善阶段,应急管理机制也能起到替代部分应急管理体制的过渡作用。换句话说与应急管理机制相比,应急管理体制的建设具有滞后性。

应急管理法制,在"一案三制"确定之时,"法制"与"法治"还是学术争议的焦点。狭义的应急管理法制指应急管理法律、法规和规章,即在突发事件引起的公共紧急情况下处理国家权力之间、国家权力与公民权利之间、公民权利之间各种社会关系的法律规范和原则的总和,其核心和主干是宪法中的紧急条款和统一的突发事件应对法或紧急状态法。② 包括国家发布指导应急管理活动的各项法律、法规、规章等。目前我国应急管理法制以《突发事件应对法》为核心,且

---

① 闪淳昌、周玲、钟开斌:《对我国应急管理机制建设的总体思考》,载《国家行政学院学报》,2011 年第 1 期。
② 薛澜、张强、钟开斌:《危机管理:转型期中国面临的挑战》,载《中国软科学》,2003 年第 4 期。

根据突发事件种类分门别类的制定、修订了多部法律，努力使应急管理工作各参与主体有法可依、有章可循。当然，不管是《突发事件应对法》，还是其他一些相关法律，都还存在着不同层次的问题，但 2014 年 12 月 1 日施行的《安全生产法》（修正案）也让人看出立法部门也在不断根据时代的变化积极地完善我国的应急管理法制。

"一案三制"体系，以政府为核心，主要通过行政权力自上而下的层层递进实现对各类风险的日常监控和突发事件的处置。从效果看，该体系可以较好的应对突发事件，但在缓解和释放风险方面有较多不足。特别是 2008 年以后国家层面的应急管理体系架构进入到一个平缓的发展阶段[①]，但预案、机制、体制、法制这四个元素所包含的更重要的问题并没有从理论和实践中得到更好的解答。"一案三制"作为传统官僚体制的一部分，尽管以应对现代化负面效应的工具面目出现，就先天地无法克服和它一样同是现代化产物的官僚组织的弊病。在规范化、法制化、行政化，特别是行政化主导的趋势下，规范和法制有成为官僚组织程式化回应社会压力与规避官僚个体风险的"合理"手段的趋势。

7·23 甬温线特别重大铁路交通事故是近年来少有的政府应急管理，特别是在舆论层面失败的案例。时任铁道部发言人的强势与遇难者家属撕心裂肺的哭声完整无误地记录了这场事故带给人们的冲击与思考。为什么动车组作为现代化的标志会制造罕见的事故？为什么新技术的管理者不能迅速有效的处理事故？这样的疑问被事故发生后铺天盖地的报道无数次地提起。这些报道在某种程度上也成为社会对政府应急管理工作的一种评价，对"循环往复"的现代化的又一次评判。

另一方面，和 5·12 抗震救灾伟大胜利形成鲜明对比的是，在那之后的若干次成功的全国性应急管理活动，已经无法在舆论层面激起社会大众对政府行动的普遍赞扬与肯定。这样的表现，既可以理解为社会对突发事件的心理调适已趋于稳定，也可以视作人民群众对政府应急管理工作的一种评价。因此，"一案三制"以三制为核心的我国应急管理工作也仍然处在完善和不断发展当中。

管理作为政府的活动，专业性和职业化程度随着社会复杂程度的提高在逐步增加。[②] 尽管以社会大众为服务对象，但天然地将社会大众放在从属的位置而不能主动、快速、灵活地回应大众最新的需求。"治理"概念在继承管理的专业性、职业

---

[①] 薛澜、刘冰：《应急管理体系新挑战及其顶层设计》，载《国家行政学院学报》，2013 年第 1 期。
[②] 何增科：《理解国家治理及其现代化》，载《马克思主义与现实》，2014 年第 1 期。

化特点的基础上,通过将治理、善治乃至于公司治理理论有机结合,在不改变国家这一单元结构的前提下,提供了人民(政权所有者)、政府(政权管理者)和利益相关者合作的新思路、新工具。

因此,在"治理现代化"背景下,应急管理应该必然要在扬弃"四个现代化"的基础上,突破一元结构,实现多元共生、合作、共赢的新局面。

### 三、应急管理现代化的方向

虽然现代化孕育了风险,制造了突发事件,但不能否认的是现代化现在并将长期为应急管理提供新的技术工具。但技术工具的欠缺长期以来一直制约着中国应急管理工作的效率和效果。如何突破这种制约?首先在于形成问题意识,特别是形成科学问题的意识。从应急管理的四个阶段来看,每一阶段的突出矛盾都不尽相同。预防与准备阶段,突出强调了对风险概率的降低或风险的转移。以生产安全为例,通过强调"本质安全",可以利用工业设备安全防护水平的提高增强对人的保护,从而达到降低生产安全事故风险的目的。在这当中,生产企业需要认识到设备水平提高对企业安全生产的促进,二要通过认识的提高形成增加设备投入的意愿。政府则需要在公共政策层面,通过财政补贴、税收减免等措施,鼓励企业广泛参与,积极投入。从政府干预和市场自发两个方面,双管齐下。

在自然灾害面前,尽管现有的科学技术并不能实现对地震等灾害的长期预报,但世界上一些国家的经验显示,对这类灾害的临机预警是可以实现的。比如日本长期运行的地震快报系统和在其基础之上初步建立的海啸快报系统。这样系统的建立,可以在预警与监测阶段,为受灾人群或承灾体提供一定的撤离时间,从而达到减少人员伤亡,降低经济损失的目的。

5·12大地震中来自俄罗斯的重型直升机凸显了我们在现场应急处置工具方面的窘迫。现场处置作为应急与响应阶段的核心任务,技术装备是先决条件。可是直到去年的11·22青岛黄岛特大输油管线事故发生之后,我们依然能在事故中查询到因为装备水平不足导致现场处置失当的痕迹,甚至是损失的加倍与事故的升级。为了改变这种局面,近年来,国内兴起了以"应急产业"为先导的应急装备发展热潮。[①] 目前已经在一些地区成为了新的产业热点。

---

① 工信部2009年9月4日《关于印发加强工业应急管理工作指导意见的通知》。

2005年发表的《兵库宣言》与《2005—2015兵库行动纲领：建构国家与社区的灾害恢复力》①明晰了未来应急管理的实践方向。同时，我国根据"常态与非常态相结合"的工作要求，突发事件后社会层面的恢复与重建正越来越成为应急管理的重点。但由于现实条件的限制，这项本来由多方共同完成的工作也主要成为政府的独角戏。显然，这与"治理现代化"中的"多元治理"相违背。因此，有学者提出突发事件的"协同治理"②来呼应这样的要求。那么在"一案三制"的层面如何回应呢？显然这是应急管理现代化的核心问题。

预案作为应急管理的依据，即是理论的集合，也是实践的纲领。那么预案就必然要在理论和实践这两个维度上实现现代化。传统的预案以文本为基础，包含了突发事件处理的原则、要求、目的等内容，各级政府按照层级不同，通过对这些内容有针对性的强调，用以区分预案的层次和使用对象的差别。在这当中，预案的编制是一个单向的活动。体现在其自上而下的编写过程与脱离实际的编写方式上。所谓脱离实际即是缺乏演练和大众的事先评价。大众无不是在事件发生后才知道这样一个预案的存在。因此，为了实现预案的现代化，首要就是实现预案编写方式的现代化：一是改变传统的文本化预案，通过引入数字化、信息化的手段，使预案可视化，变得更易理解、更易执行；二是增加与公众的沟通，特别是政府发布的预案，应该增加公示及收集社会反馈的程序，通过纳入利益相关者，普及预案知识，增强公民防灾、减灾技能。

应急管理工作必须在法律的框架内执行，因此"法制"是"三制"当中的核心。十八届四中全会提出"全面推进依法治国"③，法治作为静态化的法制的动态表现，依赖于"良法"的制定。《突发事件应对法》自其颁布实施以来，尚未依据这些年应急管理与突发事件的新情况、新发展进行修订。特别是在"治理体系现代化"提出后，其中的部分条款已经到了需要调整的时刻。以第一章第四条为例④，其所强调的体制无一不围绕政府展开，而"治理"按照前文所述，应该是多元主体

---

① 在该宣言和行动纲领中，预防、整备、反应、恢复等各个环节的社区恢复力（resilience）培育，成为未来减灾行动的纲领性要求。

② 张立荣、冷向明：《协同治理与我国公共危机管理模式创新——基于协同理论的视角》，载《华中师范大学学报（人文社会科学版）》，2008年第3期。

③ 《中国共产党第十八届中央委员会第四次全体会议公报》，http://news.xinhuanet.com/zgjx/2014-10/24/c_133739200.htm（访问时间：2014年10月24日）。

④ 国家建立统一领导、综合协调、分类管理、分级负责、属地管理为主的应急管理体制。

的。在这样的前提下我国应急管理体制的调整,应该与应急管理法制建设同步进行。

目前各级应急办在具体的突发事件处理过程中并不承担指挥与处置的责任,故而也就被"管道化",只能起到信息的收集与上传下达作用。这样的机构设置与制度安排,增加了信息传递的层级与次数,也影响了信息的真实度与可靠性,从而使应急决策的质量与效率无法进一步提高。因此如何突破传统的"条条块块"思维,真正使应急办更好承担起应急管理的责任,也就成为了目前应急管理体制改革的要务。以美国 FEMA① 为例,其不仅承担了美国应急管理的日常工作,在突发事件发生时也拥有指挥权。这样的双重身份减少了不同行政部门沟通的成本,提高了应急管理部门的专业化程度,按照纵向一体化和横向一体化相结合的要求,实现了政府机构与应急指挥机构的扁平化设置,极大了提升了美国应急管理工作的效率与效能。这样的实践成果具有良好的示范意义。当然,在各级政府编制大规模压缩的背景下,如何更有效地利用现有人力资源达到这样的目标则应该是我们实现制度创新的突破口。

法制与体制需要机制来实现其内部元素的有机互动,以运作为核心,以工作流程为主要内容,解决的是应急管理的动力和活力问题。② 机制的创新更应该从"多元"角度出发,通过改善应急决策流程,促进更多市场、社会主体参与应急管理,达到降低成本、提升效率、改善形象的目的。特别是要注意应急管理工作中的舆论管控机制,改变过去"报喜不报忧""好事变坏事"的宣传口径和传统媒体对突发事件报道的垄断,做好议程设置,通过真实、快速、清晰的报道争取互联网、自媒体时代的舆论制高点。

政府、市场与社会的关联也体现在应急管理的方方面面。三者当中,政府作为动员效率最高的一级,天然地承担起了应急管理的组织与指挥工作。但是在市场经济的条件下,特别是在"市场在资源配置的决定性作用"和"放、管、服"改革的大前提下,政府不能也无力独自调配应急管理所需的各类人、财、物资源。这就要求政府与市场协同起来,各司其职,各尽所能,让市场主体尽到主体责任,使政府更好地履行监督职能。社会作为政府与市场的服务对象,理应成为二者之间的桥

---

① Federal Emergency Management Agency(FEMA),美国联邦应急管理署。
② 钟开斌:《"一案三制":中国应急管理体系建设的基本框架》,载《南京社会科学》,2009 年第 11 期。

梁与润滑剂,最重要的是成为监督二者的有效力量。通过社会自发的组织,积极承担起应急管理的责任,督促政府作为,促进市场向善,最终使三者在应急管理中做到有为的政府,有效的市场,有机的社会①,并将其内化为现代化治理能力的重要组成部分。

---

① 李玲、江宇:《有为政府、有效市场、有机社会——中国道路与国家治理现代化》,载《经济导刊》,2014年第4期。

# 震后救灾和灾后重建：中国市民社会的出现？*

杰西卡·蒂斯 著　陈　申　李双才 译**

**摘　要**：许多分析家认为，参与四川地震救灾工作推进了中国的市民社会的发展。根据笔者对四川社会组织、学术界和地方官员的访谈，同样认为通过参与救灾工作加强了社会团体的能力建设、扩大了宣传以及与当地政府的协作互动，推动了中国市民社会的进程。另一方面，救灾工作也揭示了市民社会及其组织团体的弱点，抑制了市民社会的进一步发展，比如这些组织的能力缺陷和信任赤字。参与救灾工作作为一个学习的过程，政府、社会和社会组织借以学习如何有效地合作。此外，为了巩固这些成果和进一步加强市民社会的建设，这些社会团体的作用应更加制度化，以此来增强它们的能力建设，以及增进社会、团体和地方政府之间更大的信任。

**关键词**：汶川地震；市民社会；信任赤字；协作模式；能力建设

2008年5月12日，四川发生了一场大地震（汶川大地震）。据国务院新闻办公室的消息，地震造成的死亡人数约为70000人，共有7000间教室倒塌，其中约有10000名死者为学龄儿童。

---

\*　原文刊载于《中国季刊》（2009）第198期，第330—347页。

\*\*　杰西卡·蒂斯（Jessica C.Teets），美国明德学院政治科学系副教授，*Journal of Chinese Political Science* 副主编，研究领域：治理、创新扩散和社会组织的发展；陈申、李双才，华东政法大学政治学与公共管理学院行政管理专业硕士研究生。This Material is Based upon Work Supported by the National Science Foundation under Grant No. 0720405.Edward Wong, "Grieving Chinese Parents Protest School Collapse", *New York Times*, 17 July 2008.

随着灾后的援救工作火速展开，大量捐赠者和志愿者涌入受灾地区，致使很多分析师推断这场灾难类似于 2008 年的非典危机，将在救灾和重建的工作中推动中国的市民社会发展。① 这些观点认为，参与救灾工作提高了民间社会团体的能力——比如通过扩大志愿者基础和捐助渠道，提高项目管理经验，并向政府展示了市民社会潜在的积极作用。此外，这些团体性的救灾工作为政府、潜在的志愿者和捐赠者创造了信任和参与的习惯。

在本文中，通过 2008 年 6 月和 7 月，我在四川省采访社会团体、学者、记者和当地政府成员并辅以参考发表的文章来分析这些论点。笔者根据在救灾工作中发挥的不同作用来选定受访者，也就是说，他们来自参与救灾工作的社会团体和政府组织，这些团体包括国内和国外团体，问题领域也从扶贫扩展到环境保护。鉴于过去几年中国市民社会活动的爆炸性增长，这种分析至关重要，尽管许多社会团体的组织能力和效率都很低。② 根据我的采访，我认为参与救灾工作能促进市民社会发展，但也透露了一些亟待解决的问题，以维护市民社会的利益。在市民社会能力建设、动员能力和地方政府关系的三个领域，参与救灾工作所取得的初步成果是模棱两可的。抗震救灾工作说明，民间社会组织可以获得越来越多的项目和资金来源。此外，社会团体展现了迅速动员大量志愿者的能力。虽然把志愿服务和捐赠习惯灌输给社会还为时过早，但救灾工作允许社会组织与当地政府和市民之间建立起信任关系，在这之前许多人对市民社会了解甚少，并持不信任的态度。尽管最初政府对这些社会团体不信任而且不能确定他们所能发挥的作用，但是这些团体向政府表明，它们不希望作为政府的替代，而是作为一种补充。与当地政府的协调合作，为地方政府—市民社会的合作创造了一个可以在其他省份适用的潜在模式。

然而，许多中国公民选择绕过有组织的民间社会团体，直接参与或通过当地政府参与救灾工作，说明这些团体存在信任和能力赤字。除了这种信任赤字，在与团体能力有关的初步救灾工作中出现了一些问题，例如缺乏项目管理经验、透明公开的审计流程，以及训练有素的专业志愿人员。

通过清楚地揭示市民社会的优势和劣势，救灾工作可以作为社会组织和政府的

---

① 我在这篇报告中使用市民社会的共同的社会学定义，即市民社会是许多不同类型的集合体，他们中的所有人都是自愿的成员。

② Gordon White, "Prospects for Civil Society in China: A Case Study of Xiaoshan City", *The Australian Journal of Chinese Affairs*, 1993.

一个学习过程。社会组织学习了如何在政府的救灾过程中以互补的方式工作，协调不同组织之间的活动，并通过广泛使用互联网和媒体向更广泛的受众传播关于其活动和需求的信息。当地政府官员也在学习民间社会组织如何快速地调动资源和对政府工作起补充作用，以提高资源的有效性和可实现性。通过这一学习过程，明晰了进一步推动市民社会发展的障碍，即市民社会及其组织团体的社会信任薄弱和团体能力不足，阻碍了其进一步发展。

正如在结论部分讨论的，必须进行改革，使市民社会团体的作用制度化，提高组织能力及改善社会、社会团体和地方政府之间的信任关系，以巩固成果和进一步加强市民社会。市民社会优化革新的压力巨大，因为表现不佳可能会影响这些已取得的成果。首先，包括国际和国内的社会团体以及其他的能力建设组织必须注重提高人力资源和专业技能水平。另外，地方社会团体必须提高它们使用互联网技术和传统媒体的能力，以便向更广泛的公众提供有关其活动、资金和需求的信息，这同时也会提高社会信任度和志愿意识。最后，民政部必须制定新的法律来管理市民社会。民间社会团体需要在政治制度中有正式的法律地位，获得政策制订的参与渠道和在国内筹资的能力。这种制度化的进程在赋予社会团体权力的同时，也允许民政部更有效的监管和规范它们，并使它们在中国社会和政治领域的现有地位正常化。[①]

虽然这些只是初步的结果，但是很显然为市民社会团体、社会和地方政府之间的合作启动了一个学习的过程，允许所有参与者学习他人的长处和借鉴别人的优势，为当地政府与市民社会创造一个可以在未来再次实行的合作模型。市民社会现在在中国社会中被广泛认为是合法的，这是向前迈出的重要一步，但这些成果必须通过社会团体和机构改革才能加以巩固。

## 一、市民社会在中国的发展

自20世纪80年代以来，许多组织被广泛地称为非政府或非营利组织（民间组织、社会团体、非政府组织、非营利组织），这些组织已经形成了一种为社会特定

---

[①] 据对BR3和BR4的采访，这场辩论已经在民政部进行，但是结果尚不清楚，民政部门的许多人担心给社会团体的权力过大、过快。

群体提供服务和支持的形式。它们通过提供社会服务、地方能力建设、法制宣传和政策倡导等手段，来寻求解决农村贫困居民、移民、农村妇女和其他弱势群体的问题。自20世纪90年代中期以来，中国市民社会组织的注册数和参与人数都在急剧增加。中国的这种结社革命在1996年首次达到顶峰。下面关于中国市民社会的大部分文献就是在1993年至1996年这一高峰期写成的；并且自1998年以来，市民社会的发展更加显著。虽然这些数据没有统计组织的解散数量，只是统计了注册团体的数量，但大多数学者认为，一些仍在活跃的团体的数量远远超过了民政部报告的数量。①

**表格1　在中国注册的民间组织**

| 年份 | 非政府组织 | 社会团体 | 非营利组织 | 基金会 |
| --- | --- | --- | --- | --- |
| 1988 | 4446 | 4446 | | |
| 1989 | 4544 | 4544 | | |
| 1990 | 10855 | 10855 | | |
| 1991 | 82814 | 82814 | | |
| 1992 | 154502 | 154502 | | |
| 1993 | 167506 | 167506 | | |
| 1994 | 174060 | 174060 | | |
| 1995 | 180583 | 180583 | | |
| 1996 | 184821 | 184821 | | |
| 1997 | 181318 | 181318 | | |
| 1998 | 165600 | 165600 | | |
| 1999 | 142665 | 136764 | 5901 | |
| 2000 | 153322 | 130668 | 22654 | |
| 2001 | 210939 | 128805 | 82134 | |
| 2002 | 244509 | 133297 | 111212 | |
| 2003 | 266612 | 141167 | 124491 | 954 |
| 2004 | 289432 | 153359 | 135181 | 892 |

**注**：统计数据来自民政部。需要注意，非政府组织是所有团体都有注册的类别，虽然有社会团体、非营利组织和基金会的子类别。另外基金会是在2002年后才从社会团体中划分出来的类别。

---

① 李勇：《中国非政府组织为了生存而斗争》，载《财经》（财经杂志），2002年第7期。

以下是对中国市民社会过去争论的简要概述。在中国不断增加的社会团体参与归因于在20世纪90年代东欧和中欧共产主义的崩溃，导致许多中国学者调查市民社会的出现。① 这些考察是基于尤尔根·哈贝马斯（Jürgen Habermas）开发的一个关于市民社会的模式，假定一个独立于国家的公共领域并由自愿协会组成。② 哈贝马斯认为，建立这种基于西欧历史经验的理想类型的市民社会作为理解国家—社会关系的启发是重要的。这个理想化的市民社会，对国家发挥对立作用和促进民主的关键标准是组成市民社会的协会必须独立于国家。如果市民社会不是自主的，它就不能让民主意志合法化或反对国家行动。公共领域的不受约束的行动对于发展集体运动所依赖的社会信任是必要的。多数研究市民社会的学者总结说，有时在中国也存在独立于国家的自愿协会，但他们不符合哈贝马斯的模式，他们不是完全自治。③ 事实上，在1996年，民政部的一个高级官员估计，不到50%的群体是自发组织、自我支持和自我管理的。④ 同样，中国和西方90年代后半期基于独立于国家的分析表明，大部分群体是半政府的。⑤ 许多学者批评，完全借鉴西方国家社会模式或去找到一个不存在的自治市民社会，在中国寻求市民社会是不可能的。⑥

而过去的研究大多缺乏独立于国家的自主性，最近的研究强调群众和基层组织自治的变化。一些学者发现，随着计划经济向市场经济的转变，劳动联合会等大众组织中的工人开始"明确表达其对国家的利益，而且也强调他们相对于团体的个人权利。"⑦ 群众组织已逐渐开始从国家法团主义转向社会代表作用，致使很多人认

---

① Vladimir Tismaneanu, *Reinventing Politics: Eastern Europe from Stalin to Havel*, New York: Free Press, 1992; Vladimir Tismaneanu (ed.), *Revolutions of 1989*, New York: Routledge, 1999.

② Jürgen Habermas, *The Structural Transformation of the Public Sphere*, Cambridge, MA: MIT Press, 1989.

③ Timothy Brook and B. Michael Frolic, *The Ambiguous Challenge of Civil Society*, in Timothy Brook and B. Michael Frolic (eds.), *Civil Society in China*, New York: M. E. Sharpe, 1997; Heath Chamberlain, *On the Search for Civil Society in China*, Modern China, No. 19 (1993), pp. 199–215.

④ Qiusha Ma, "The Governance of NGOs in China Since 1978: How Much Autonomy?" *Nonprofit and Voluntary Sector Quarterly*, No. 31 (2002), pp. 305–330.

⑤ J. Fisher, *Nongovernment: NGOs and the Political Development of the Third World*, West Hartford, Kumarian Press, 1998.

⑥ 黄宗智：《中国"公共领域"/"公民社会"？国家与社会之间的第三领域》，载《现代中国》，1993年第19期；Francis Fukuyama, *Social Capital and The Global Economy: A Redrawn Map of The World*, Foreign Affairs Press, 1995, pp. 302–325; and Jeffrey Wasserstrom and Liu Xinyong, *Student Associations and Mass Movements*, in ibid, pp. 362–393.

⑦ Mayfair Yang, "Between State and Society: The Construction of Corporateness in A Chinese Socialist Factory", *Australian Journal of Chinese Affairs*, No. 22 (1989), pp. 31–60; Elizabeth Perry, *Labor's Battle For Political Space: The Role of Worker Associations in Contemporary China*, in Deborah Davis, Richard Kraus, Barry Naughton and Elizabeth Perry (eds.), *Urban Spaces in Contemporary China*, New York: Cambridge University.

为这是中国市民社会新兴的一个领域。① 虽然群众组织在法律上是依赖国家的，但资金来源或项目决策却越来越独立，导致这些组织比国家法团主义模式下的情况更具活力。除了由政府组织的群众组织外，还存在许多自发组织或基层团体，都是为了促进会员在商业、专业和社会领域的利益。这些协会的法律地位有很大的差异：许多注册为社会组织（民间组织），但许多人与大学非正式关联，或者是在非正式经营社会团体。豪厄尔（Howell）认为，自20世纪90年代初以来，创建新形式的协会，如网络、中心、用户组和项目可以绕过注册的需要；然而，团体的意图仍然很重要——如果它有政治目的，将会被国家抑制；但是如果它是有益的，地方政府官员会对注册睁一只眼闭一只眼。②

除了法律自主权的变化，许多团体依靠资金的多样化，比如来自国际非政府组织、基金会、国际组织、外国政府和企业以及中国政府的捐款。这说明民间社会组织从国家那里获得了一定的自主权。例如，最近的研究强调通过会费和独立选择问题，推进民营企业协会（商会）的建设。尽管从过去的分析看来，这些协会缺乏企业家的普遍认同，这些团体维持集体行动的能力受到质疑，但是近来斯科特·肯尼迪（Scott Kennedy）发现，在这些团体中的成员越来越多的在创造这样一个身份。③肯尼迪认为，经济改革激励商人通过加入协会或者直接游说的方式来捍卫自己的利益。他发现这些协会主要是自愿的，越来越经济独立，不求等级，也不质疑特定利益的代表。虽然肯尼迪表明，这些群体保护自己的资金并发展自己的议事日程，但他认为，专注市民社会独立于国家的自主性建设要比去挑战国家以及谋求组织特权的政治行动更加重要。

在中国，类似的文化组织是最大的增长类别之一，由成员自愿组成，主要资金来源于会费或捐赠。这一类别包括文化保护的组织和促进民俗文化的组织，如民族音乐，民族历史，民族传统以及为了传承传统音乐、传统文学、传统武术而组织的团体。这些团体越来越受欢迎，政府授予其自治权，虽然在某些情况下，他们可能

---

① Yunqiu Zhang, *From State Corporatism to Social Representation: Local Trade Unions in the Reform Years*, in Brook and Frolic, Civil Society in China.

② Jude Howell, *New Directions in Civil Society: Organizing Around Marginalized Interests*, in Jude Howell (ed.), *Governance in China*, Lanham, MD: Rowman & Littlefield, 2004, p.151.

③ Scott Kennedy, *The Business of Lobbying in China*, Cambridge, MA: Harvard University Press, 2005; Margaret Pearson, *China's New Business Elite: The Political Consequences of Economic Reform*, Berkeley: University of California Press, 1997; David Wank, *Civil Society in Communist China?* in John Hall (ed.), *Civil Society: Theory, History, and Comparison*, Cambridge: Polity Press, 1995, p.74.

从政府那里获得特定项目资金。蔡莉莉探讨了这些团体如何积极地寻求向社会成员提供公共物品和服务，使用嵌入式关系，如亲属关系。① 最近的研究说明，中国的市民社会、非政府组织、私营企业协会和文化团体通过登记状态、资金来源和项目决策来判断发展的程度②。

在过去，分析中国的市民社会经常用二分法的思想来理解社会自治：市民社会必须是完全自主地类似于哈贝马斯的模式，或完全指派类似于国家法团主义模式。虽然许多学者认为，国家法团主义不再是中国国家—社会关系的最好描述，还声称，这种关系不适合哈贝马斯模式。③ 这留下了明显的两难境地，即当团体自治千差万别，使用团体自治去定义国家和社会关系的模型是不准确的。如前节所述，群体组织和基层组织自治的水平有所不同，是否合法，通过资金或项目决策决定。这种差异不只在中国可见，而是在世界各地都可见。事实上，莱斯特·所罗门（Lester Saloman）发现大多数西方政府对非政府组织采取较高水平的资助：西欧的非政府组织从政府获得56%的资金支持。④

其他学者也对使用自主性描绘国家—社会关系有所保留。例如，许多人怀疑，存在一个"明晰的界限"来划分国家和社会的观念；事实上，妮娜·德霍克（Neera Chandhoke）认为，这条线是模糊的、动态的。⑤ 因此，国家与社会的二元对立是过度理想化的，而在现实中两者相互重叠。蒂莫西·布鲁克（Timothy Brook）认为，中国的市民社会应该被认为是国家和社会之间一个相互作用的空间，而不是两者之间明显分界或相互独立于对方。⑥ 艾莉森·贾格尔（Alison Jaggar）同

---

① Lily Tsai, *Accountability without Democracy*, Cambridge: Cambridge University Press, 2007.
② Thomas Gold, *Bases for Civil Society in Reform China*, in Kjeld Erik Brødsgaard and David Strand (eds.), *Reconstructing Twentieth-Century China: State Control, Civil Society, and National Identity*, Oxford: Clarendon Press, 1998, p.164.
③ Howell, *New Directions in Civil Society*, p.156; see also Kennedy, *The Business of Lobbying*; for Analysis Stating That "Civil Society" does not Exist, see Francis Fukuyama, "Social Capital and the Global Economy: A Redrawn Map of the World", *Foreign Affairs*, September/October 1995; and Peter Ho, "Greening Without Conflict? Environmentalism, NGOs and Civil Society in China", *Development and Change*, No.32, 2001, pp.893-921.
④ Lester Salamon, *The Johns Hopkins Comparative Nonprofit Sector Project*；王绍光：《金钱与自主：民间融资模式及其影响》，载《比较国际发展研究》，2006年第40期。
⑤ Neera Chandhoke, *A critique of the Notion of Civil Society as the "Third Sphere"*, in Rajesh Tandon and Ranjita Mohanty (eds.), *Does Civil Society Matter? Governance in Contemporary India* (New Dehli: Sage Publications India Ltd, 2003), pp.27-58.
⑥ Brook and Frolic, *The Ambiguous Challenge of Civil Society*.

意这个观点，认为市民社会"在一个复杂、变化和相互依赖的关系网络中与国家相融合，它们是对立和共生的"①。迈克尔·沃尔泽（Michael Walzer）甚至反对市民社会可以在没有国家的情况下存在的想法，提出"国家—市民社会框架和占据其中的空间。它修正了边界条件和所有关联活动的基本规则。它迫使协会成员思考一个超越他们自己对美好生活概念的共同利益"②。鉴于相互作用和重叠的国家—社会关系的必要性，戈登·怀特（Gordon White）认为，一个特定的社会组织体现市民社会的定义和性质——自主性、分离性和自愿性，是一个程度问题，而不是非此即彼的问题。③ 这种重叠意味着需要一种更加互动的方式来理解国家与市民社会关系。此外，对立模型的使用，忽略了在潜在的良性互动中发现更多的动态模型。这个概念的使用，取决于具体问题上国家和社会的关系是转换的、竞争的还是周期性融通的。比如，黄宗智设想了国家与社会之间的"第三领域"，其中市民社会的存在源于两者的相互作用。事实上，拥有充分的自主权可能没有必要发挥对立的作用，即"相对自主性"。④ 重视国家—市民社会自主权忽视了这是一个动态的空间，边界的地方可能会改变，对社会和国家都有影响。

哈贝马斯的模式集中于市民社会的两个方面，国家—社会关系和市民社会的作用。如上所述，其他西方理论家所阐述的这种模式假设了国家与社会之间的对立关系，以及市民社会在公共领域中为了产生民主意志而发挥的作用，如有必要，反对国家以实现这种意愿诉求。中国市民社会不适合这种模式，而不是争辩将模式从一个历史背景施加到另一个历史背景或将中国所有市民社会完全归类到非西方理论认定的市民社会类型之外。我利用过去丰富的研究经验并结合在中国的实地考察，重新设想市民社会作为一个基于行动的类别。⑤ 基于行动的市民社会定义和哈贝马斯概念之间的主要区别是：首先，国家—社会关系被认为是动态的和有争议的，因此

---

① Alison Jaggar, *Arenas of Citizenship: Civil Society and the Terrain of Politics*, 未出版。

② Garry Roden, "Theorizing the Political Opposition in East and Southeast Asia", in Garry Rodan (ed.), *Political Opposition in Industrializing Asia*, London: Routledge, 1996, pp.1-32.

③ Gordon White, Jude A.Howell and Shang Xiaoyuan, In *Search of Civil Society: Market Reform and Social Change in Contemporary China*, Oxford: Clarendon Press, 1996.

④ Rodan, *Theorizing the Political Opposition in East and Southeast Asia*; Lars Jorgensen, *What are NGOs doing in Civil Society?* in Andrew Clayton (ed.), *NGOs, Civil Society and the State: Building Democracy in Transitional Societies*, Oxford: The International Non-Governmental Organisation Training and Research Centre, 1996, p.38.

⑤ See the following for a critique of using this model in China: White, Howell and Shang, In *Search of Civil Society*; Huang, "Public sphere"/"civil society"; Frederic Wakeman, *The civil society*, in Frederic Wakeman and Wang Xi (eds.), *China's Quest for Modernization: A Historical Approach*, Berkeley: Institute of East Asian Studies, 1993.

不依赖于自主性作为关系的主要决定因素,而是允许用包括不同程度的合作和互相协作的关系视角。第二,基于行动的定义侧重于市民社会组织建立社会信任、集体行动和公民参与的能力。这个定义使我们能够摆脱那些不适合发展的有争议的国家—社会关系模式,并走向国家—社会合作模式,使市民社会生成更好的治理和福利的结果。

分析市民社会在抗震救灾工作中的作用,使我们能够追踪中国市民社会逐步发展的轨迹。我首先研究救灾工作如何成为民间社会团体和地方政府协调合作的一个学习的过程,然后概述民间社会团体如何利用与地方国家合作的战略,来实现其服务提供和宣传目标。

## 二、没有正式机构的参与

随着地震的破坏程度逐渐明晰,中国红十字会迅速组织了救灾行动并获得政府批准,但许多地方非政府组织和国际非政府组织不确定如何最好地提供援助或如何协调它们相互之间以及与本地政府之间的救援活动。因此,群体无法协调一致地进行救助工作,难以进入灾区并复制他人的行动方式。虽然许多团体,如西部志愿者协会,有广泛的志愿者网络,但它们没有组织能力调动资源进行救灾工作。①

为了解决这些问题,成都城市河流研究集团(成都城市河流研究会)的创始人利用政府中的个人关系与负责救灾工作的官员会面,评估他们如何有效地与政府合作。通过这次会议,他们说服政府,说他们可以通过组织一个非政府救济服务中心,来协调民间社会团体的活动,大约有 30 个小组,从环境到扶贫到农村教育团体("5·12"民间救助服务中心)。②除了协调救灾工作和民间社会团体之间的沟通外,这一伞式组织还通过提供信息、调解、协调和确保信息获取渠道,成为民间社会和地方政府之间的沟通桥梁。③

该组织采用两种方法来动员团体、资源和志愿者。首先,成都城市河流研究小组利用其在线平台,为政府、地方非政府组织、国际非政府组织、志愿者和捐赠者

---

① 访谈 SN1。
② 访谈 SN1。
③ Jim Yardley and David Barboza, "Many hands, Not Held by China, Aid in Quake", *The New York Times*, 20 May 2008.

提供救灾需要的实时信息和协调信息。此外，它在 2008 年 5 月 15 日召开了一次会议，计划与伞式组织的其他成员合作并解决问题，如创建一个志愿者数据库，培训计划和保险计划。在该次会议结束时，伞式组织的成员会见政府成员，建立救灾计划，并一起查看了灾区状况。通过这个过程，民间社会团体组织参与救灾工作。该培训中心为政府机构或其他团体的救助项目提供志愿者，从社会收集的财力、物力并将这些物资运送到灾害现场，为一些团队提供食品、药品和水。这种援助极大地支持了政府的救灾工作，并组织了大量的捐赠和志愿者，很快超过了当地政府的救灾筹资。①下一部分将探讨救灾工作如何显示人力和财政资源方面的集体能力，以及专业项目管理和审计技能的建设问题。

## 三、中国市民社会的能力赤字：人才和财政资源

报道强调了民间社会团体在救灾工作中的初步作用是它如何加强财政捐款和物资流动。民政部表示，截至 5 月 16 日，共收到现金和救济物资捐赠总额 32 亿元，其中 81.7% 来自国内，18.3% 来自国外，包括外国政府和国际组织的捐赠。

许多国内捐赠并不是完全自愿的。每个公司、代理机构和著名个人捐赠的金额会公开在电视和大多数主要报纸上。例如，篮球明星姚明在媒体和网络论坛上被批评捐赠 50 万元太少了；对此，他把他的捐款翻了两番。② 一些公司，老板也会公布员工的名字和他们捐赠的金额。③ 公众对大额捐赠的压力很大，许多公司担心如果在捐赠时抵制就会被看作不慷慨。此外，大多数捐款直接捐赠给地方政府或中国红十字会，而不是当地的民间社会组织。虽然民间社会团体已获得额外的财政资源来协助救济工作，但一些捐赠不是自愿的，并且不流经这些群体，这意味着这些筹资渠道将来不会保持开放。这两个因素都显露出了关于建立慈善公司或社会基础的严重问题，这将提高对未来民间社会组织的能力要求。

分析人士认为，救灾工作大大增加了这些群体的人力和财政资源，使他们能够

---

① 访谈 SR4。
② China's Netizens Ignite A New Controversy: Insufficient Earthquake Donations, www.chinasupertrends.com, 2 June 2008.
③ Tim Johnson, After Quake, Chinese Open Wallets, A Few Of Them Under Pressure, *McClatchy Newspapers*, June 6, 2008.

发挥比预期更大的作用。① 自从地震以来，志愿者基础明显增加了；但是，这些志愿者大多是没有经过培训和没有专业经验的学生。另一个常见的批评是，这些团体在救灾工作中缺乏经验，以及没有受过专业培训的项目经理，导致初步救灾工作协调不力。② 例如，许多团体不习惯与其他团体或地方政府合作，并在服务提供方法上和政府的决策过程相冲突。③ 许多市民社会专业人士和学者讲述了一些团体的故事，这些团体拒绝志愿者和捐赠，仅仅因为他们是没有受过培训的人员或当作工作流程来处理："一个当地医生说他自愿参与民间社会团体的救灾工作，但是这个团体不知道安排他做什么，就让他去买救灾需要的水。即使医生本来是有用的，但是他们不知道如何好好利用他的专业优势。"④ 民间社会团体无法管理现有的财政和人力资源，说明缺乏熟练的项目管理人员和制度化的审计流程。此外，如下所述，潜在的志愿者和捐助者经常绕过民间社会团体，反映了公民和企业对社会团体缺乏信任。

总而言之，参与救灾工作团体展现出了它们在将资金和工作人员转移到灾害现场时迅速对危机情况做出应变的能力，即使它们在国内的筹款活动在当时是非法的。它们还通过与志愿者和捐助者的在线社区联系，大大扩展了传播实时信息的能力，用以传播它们的救灾行动和委托捐赠的相关信息。这提高了管理复杂项目和使用媒体传输信息的能力。然而，目前尚不清楚捐赠的习惯是否会在重建工作后继续为这些群体提供资金。此外，对于这些群体有效管理项目的能力，仍然有许多问题，特别是在审计和人员配置方面。因此，虽然参与救济工作提高了社会团体扩展资金来源、为项目管理和会计工作人员提供在职培训方面的能力，但在这些领域仍然存在重大能力缺陷，必须加以解决，以便市民社会取得进展。

## 四、中国市民社会的信任赤字

### （一）动员型社会

被很多分析家称为"非正式市民社会"的存在意味着自发性无组织的社会行

---

① 访谈 BR2。
② 访谈 SG2 和 BG5。
③ 访谈 SN1。
④ 访谈 BG5。

为，表明了很多群体超出现有动员型社会网络的困难。① 对于为什么这么多捐赠者和志愿者绕过现有的市民社会组织的一个普遍解释是这些组织被认为是无效的，"这类不是构建于正式组织而是围绕事件本身的市民社会可以动员更多的民众"②；另一种解释是这些公司和捐款市民并不信任这些团体，这也被在中国进行的世界价值观调查活动所取得的低信任水平的调查结果所佐证。③ 正如一位受访者所指出的，"如果一个中国老百姓给了社会组织 100 元，他就希望看到这个组织将 100 元都投入到救灾活动上，如果这个组织将任何捐赠的钱用于管理成本的支出，这个中国老百姓就会认为这是一种腐败行为。"④ 因为对民间社会团体缺乏信任，再加上对民间社会组织承担救灾工作的能力的怀疑，大量的捐赠者和志愿者没有形成有组织的反应，反而是用一种个体的自发行为去参与这场悲剧事件。⑤ 虽然很多年长的中国民众接受了他们所看到的年轻一代从过去二十年的唯物主义向社区援助传统回归，但这种类型的社会行为不但没有增强市民社会的力量反而是将之削弱了。⑥ 如果社会行动总是发生在有组织的市民社会之外，那么这些民间社会组织会发现提升它们的事件处理能力和社会信任水平将会相当困难。

尽管存在无组织参与，许多分析家仍强调这种救援的努力通过社会责任感的激发和志愿行为习惯的培养为市民社会创造了强大的志愿者基础。正如清华大学公共管理学院的学者贾西津所阐释的："这对中国市民社会来说是一个好消息——民众的社会责任意识正在觉醒。"

记者们描述了志愿行为的蓬勃发展，"看起来整个国家都被动员起来参与救灾工作，表现出市民社会所期望的宽容和责任感，数以千计的志愿者赶赴震区，数百亿现金流入四川省。人们在献血车辆外面排着长队等待献血，很多人正在寻求收养地震孤儿"⑦。

民间社会组织积极动员志愿者和捐赠人，并将他们统合管理起来。但是许多人

---

① 访谈 SI3。
② Emma Graham-Harrison and Lindsay Beck, "China Quake Could Speed Growth of Ad-Hoc Activism", *Reuters*, June 7, 2008.
③ See 4-Wave World Values Survey available at www.worldvaluessurvey.org.
④ 访谈 SR4。
⑤ 访谈 SG2。
⑥ 访谈 SI3。
⑦ 《地震救援帮助公民社会在中国发展》，载《新华社》，2008 年 6 月 15 日。

通过非正式的渠道参与进来,这些第一次进入四川的无组织的志愿人员和捐赠者,正如一位政府官员所观察到的:所有这些志愿者、金钱和物资一下涌入到受灾地区,谁都想用车将这些救灾物资运送到灾区。这就造成了非常混乱的局面,以至于本来想去直接抢险救灾的军队最后还要照顾这些缺乏组织性的志愿人员。最后我们要求红十字会和非政府组织救援中心来监管这些自发性参与的志愿者和捐赠者。①

民间社会组织培训和协调这些志愿者,为将来奠定了一个强大的志愿者基础。② 很多大学生和为数众多的年轻专业人士在这之前从未参与过志愿活动或者与市民社会进行过互动。虽然说这种志愿行为和捐赠习惯已经内在化还为时尚早,但参与救灾活动(也许还包含奥运会)创造了一个受过更多培训、多元化以及有社会责任感的潜在志愿者基础。③

除了扩大他们的志愿者基础,很多团体学到了如何在第一时间动员它们组织网络中相距很远的成员,例如一个由母亲们组成,经常讨论儿童相关问题的网络团体"妈妈论坛"在对抗震救灾的回应中动员起来,迅速从其成员中筹集了善款和物资。④ 它们救援工作的一个方面是收集捐赠的书籍并将其送到建立在灾区的临时学校。中国网络社会的爆炸式增长造就了这一特殊的有趣情况。大多数政治学科的市民社会分析往往忽视了这些网络俱乐部,因为它们完全是出于纯粹的社会原因而非政治原因去组建网络社区,而且不占有现实世界的空间。然而,中国的这些社交网络会在引起整个网络社区都会关注的特殊事件发生时产生政治相关性。汶川地震使得妈妈论坛的成员们去进行救灾活动并讨论震后孤儿和学龄儿童所面临的问题,同时激励论坛成员在第一时间以个人的方式会面。信息技术的使用显著增强了这些成员在不同地区的团体的能力,显示了他们强大的潜在动员力量。⑤ 这样的事例说明了民间社会组织的成长和潜力,但是这种类型的动员活动是政府所担心的,因为这些动员活动是未经党组织指导的自发性社会动员。虽然市民社会以及这些网络俱乐部显示了动员新志愿人员的能力,但无组织参与的存在说明了这些组织依然缺乏信任和存在能力短板。

---

① 访谈 SG2;在 SN1 也有提及。
② 访谈 NN1。
③ 访谈 B11。
④ 访谈 SN5。
⑤ 杨国斌:《中国互联网与民间社会:初步评估》,载《中国现代学报》,2003 年第 12 期。

## （二）与地方政府的相互协作

较之于一般民众对民间社会组织的低信任水平，四川地方政府也表明对这些组织的意图缺乏信任，许多地方官员的关键疑虑被一个干部简洁地总结为："如果这些团体的资金来自于海外，那么这些团体的真正动机是什么？"当时的一个疑虑是这些团体有和政府相悖的意图，更直接的疑虑在于这些团体想替代政府的救灾角色并通过这种替代去削弱政府的权力和权威。让地方官员感到威胁的是市民社会力量的增强可能会导致社会混乱并侵蚀他们的权力和权威，而且很多国际人士和中央政府认为这些组织对地方政府的救灾角色有替代作用。让他们同样担心的是外省民众认为他们的救灾工作质量差并倾向于民间社会组织可以将这些工作做得更好，正如一位干部解释说：

> 为什么人们会说地方政府的救灾能力低下或者当地政府不懂得灾区人民的切实需要？我们非常专业并且有能力完成我们的绝大多数目标。我一生都在这个地区工作生活，没有一个人（民间社会组织）在救援工作上可以比我做得更好或者比我更清楚当地受灾民众需要什么。①

然而，来自民众、中央政府和国外政府的巨大压力让地方政府允许民间社会组织参与抗震救灾的行动，这导致了一种自相矛盾的尝试——支持政治上安全的组织和控制不为人知的组织。地方政府对民间社会组织在救灾活动中的角色、能力和工作进程缺乏了解加深了这种不信任。② 此外，市民社会在中国的法律地位和官方定义尚不明晰。③ 这种与哪些组织合作，延后哪些组织参与的不确定一直持续到"桥梁组织"（如非政府救灾服务中心）的建立，还一直伴随着地方政府不情愿允许它们进入灾区，共享信息和在救灾工作上进行合作。

尽管在初期互不信任，救灾行动给予双方更多的机会去考虑如何用一种相互补充的方式通力协作去确保双方目标的实现。例如，市民社会组织为部队提供饮用

---

① 访谈 SG2。
② 访谈 SR4。
③ 访谈 SI3。

水、药物和食品，而部队从事更多的体力救援工作。① 通过合作，政府认识到了这些民间社会组织需要加强团队能力建设，团体也承认需要与政府协调合作和增强它们的救援能力，特别是在资金管理和人员培训方面。② 双方都意识到了合作可以使行动、资金、资源、覆盖面和合理性正向放大。③ 救灾行动的协同合作帮助双方建立了更加信任的关系，这可以促进政府和民间社会组织的合作关系在未来的发展，并且构建一种合作的潜在模型。例如，一个香港本土的救济组织首先与政府合作提供援助，继而和当地的非政府组织结成伙伴，使三个行动主体汇聚到一个项目上。④

除了为地方政府—市民社会的合作创建了一个潜在的模式，救灾工作同时构建了一个可以使中央政府更好地监督社会团体的模式。⑤ 中央政府为了平复许多捐赠者和民众对于腐败行为的担忧，创建了新的渠道去监督社会救灾组织的援助项目和资金。政府增加了关于救灾支出和死亡统计数目的信息透明度，并试行了包括地方政府在内的新监管模式——民政部和社会团体代表"相互监督"。⑥ 例如，国家审计署、民政部和国务院监督地方政府和慈善机构用于抗震救灾的资金和物品。⑦

因此，地方政府—市民社会在救灾行动中的合作关系为双方创建一种输送服务和厘清责任的模式提供了学习过程。社会团体开发和提供服务，地方政府—市民社会的合作模式特点在于由负责任的政府机构与高效率的社会团体协作——通常是由一个国际非政府组织或者经常是官方色彩较浓的大型国内社会组织，然后去监管更小的地方社会团体。另外，这种合作模式包含了一种相互监督制度，市民社会在帮助中央和省级政府监督更低层次的地方政府和市民社会团中体扮演了一种积极角色。

然而不能确定这种模型是否会扩展到中国其他地区，因为在当前的政治环境中政府担心社会的失序。

---

① 访谈 SN1。
② 访谈 SR8。
③ 访谈 SN5。
④ 访谈 SI3。
⑤ 访谈 SG2。
⑥ 访谈 SI3 和 SG7。
⑦ 访谈 SG7。这些审计小组只发现了少量的问题；为了灾后重建而结成的"姐妹城市"河南安阳的一个副市长被认定负有对帐篷的购买和分配管理不当的责任从而被开除公职。

## 五、加强中国市民社会的影响

虽然地震救援工作在许多方面推动了市民社会的发展，但也揭示了体制的诸多问题和组织本身的弱点，这些弱点在市民社会真正加强之前必须予以弥补。① 要采取必要的改革措施去改进民间社会组织的信用和能力缺陷以增加政府和社会的信任，改进审计程序，提高人力资源水平，以及改革有关民间社会组织的地位，在政策过程中的作用，捐赠和注册机制的法律法规。

首先，社会团体和国际能力建设组织必须聚焦人力资源和专业的技能水平提升。团体需要加强审计流程透明度的建设和专业管理技能的提高，特别是在项目管理中的能力构建。虽然中国目前正在进行很多能力建设项目，但这一领域必须获得更多的资金和关注。

第二，为了提升中国市民社会的社会信任度，社会团体必须宣传它们的活动和工作过程。许多社会民众和政府不了解这些社会团体的项目导向以及它们在社会中的目标。除了这种不理解，很多社会团体也被视为不被信任的国外组织代理人。社会团体需要学习如何使用类似于环保团体所维持的在线平台和媒体来宣传它们的存在和活动以增加对它们的了解和信任。② 因为担心政府会加大监控力度，社会团体通常选择不宣传它们的活动；然而，这种增加合法性和信任度的曝光策略是必不可少的。

第三，民政部必须改革关于社会团体的法律地位、政策进程中的作用、捐赠和注册机制。现行法规规定了昂贵复杂的登记程序，大多数民间社会团体不理解，除了某些已登记的慈善机构，不允许国内筹资，并且不使团体在中国社会和政治生活中发挥作用合法化。③ 政府需要改变登记和筹资规则，以配合地震救灾工作中发生的现实情况。④ 改革目前关于国内筹款法律的一个方法是建立一个独立的"社会审计机构"，以确保社会团体妥善处理捐款。然而，许多专家认为民政部应将非政府组织的作用制度化，给予它们一个可以成长的空间，"政府有点担心，人们过去参

---

① 访谈 NN1。
② see www.greengo.cn。
③ 张启：《地震是否会改变中国？》，载《中国选举与治理》，2008年7月20日。
④ 访谈 BI1。

与的传统方式是通过他们的工作单位或通过党政系统,而现在其他团体的产生,满足了社会的不同需要。"① 然而,为了响应市民社会的发展,民政部创建了一个新的非政府组织管理办公室,由一个在清华大学研究市民社会的学者领导,目前正在考虑如何最好地改革现行法规。② 此外,更为困难的改革是如何使这些团体的作用制度化,使它们在有效的政府监督下的同时发挥有益的作用。正在试行的一项改革是地方一级的参与式预算改革过程,使社会团体能够在政策进程中发挥倡导作用。③

通过清晰地揭示市民社会的优势和劣势,救灾工作作为一个学习过程,凸显了阻碍其进一步发展的障碍——市民社会及其管理机构的社会信任水平低,组织能力薄弱。因此,必须改革使得社会团体的角色制度化,提升服务能力,提高社会、社会组织和地方政府之间的信任,以巩固成果,进一步推动市民社会发展。此外,通过参与救灾工作加强了社会团体、社会和地方政府之间的协同合作,创造了一个可用于未来的地方政府—市民社会合作的模式。

中国的市民社会在服务提供和政策倡导方面显然发挥着越加独立和重要的作用。震后救灾工作的例子表明,中国的市民社会像许多民主国家的市民社会一样,通过确定社会需求,开发项目以解决这些未满足的需求,并从国家、社会和市场调动资源。在地方政府—市民社会的合作模式中,市民社会是在相对独立的行动,不是简单地被国家选择。事实上,许多合作是由民间社会团体设计的,并通过国际和国内的压力强加给地方政府。我发现这种合作模式与中国许多其他社会团体使用的策略相似。④ 虽然这一案例说明了中国市民社会显著的独立作用,但它也揭示了进一步发展所面临的阻碍。

访谈附录

| 代码 | 访谈日期 | 访谈地址 | 组织名称 |
|---|---|---|---|
| SN1 | 2008 年 7 月 16 日 | 四川 | 地方非政府组织 |
| SG2 | 2008 年 7 月 16 日 | 四川 | 地方政府办公室 |
| SI3 | 2008 年 7 月 4 日 | 四川 | 地方国际非政府组织 |

---

① 访谈 BR2。
② 访谈 BR4。
③ 访谈 BR4。
④ Jessica C. Teets, "Governance in Non-democracies: The Role of Civil Society in Increasing Pluralism and Accountability in Local Public Policy",未发表的论文,2008 年 12 月 3 日。

（续表）

| 代码 | 访谈日期 | 访谈地址 | 组织名称 |
|------|----------|----------|----------|
| SR4 | 2008年7月10日 | 四川 | 记者 |
| SN5 | 2008年7月2日 | 四川 | 网上俱乐部 |
| SN6 | 2008年7月12日 | 四川 | 地方非政府组织 |
| SG7 | 2008年6月23日 | 四川 | 中央政府办公室 |
| SR8 | 2008年7月11日 | 四川 | 地方非政府组织 |
| NN1 | 2008年7月11日 | 南京 | 地方非政府组织 |
| BI1 | 2008年6月19日 | 北京 | 国际非政府组织 |
| BR2 | 2008年6月6日 | 北京 | 学者 |
| BR3 | 2008年6月2日 | 北京 | 学者 |
| BR4 | 2008年6月2日 | 北京 | 学者 |
| BG5 | 2008年7月21日 | 北京 | 非政府组织 |
| BG6 | 2008年7月22日 | 北京 | 国际非政府组织 |

# 社会冲突的正向价值及社会秩序的重构

钟心植[*]

**摘 要**：中国作为一个典型的后发型现代化国家，目前已经进入社会转型的关键时期，经济社会发展正在发生着深刻变化，社会矛盾在国民生活的各个领域均有所凸显。社会冲突的存在和频发态势已成为不容争辩的客观事实，尽管社会冲突更多地表现为破坏性的负面功能，但其所带来的正向的构建功能不容忽视。既有的社会冲突案例表明，社会冲突的发生和解决不仅能够释放不满情绪，还能够带来公共政策的革新和社会制度的变迁。本文从社会冲突功能出发，以社会冲突的正向价值作为本文的落脚点，具体阐述了实现社会秩序重构和国家治理优化的路径选择。

**关键词**：公共安全治理；社会冲突；社会秩序

回顾人类社会的产生与发展历程，社会冲突普遍存在于人类社会之中。社会冲突作为社会主体间相互作用的一种模式，在人类社会进程的推进中发挥着巨大作用。齐美尔指出，社会冲突是一种典型的社会模式，广泛存在且无法规避。任何一类社会关系的构建，都缺少不了推动和阻碍社会统一的人的参与。人们的矛盾与冲突不仅早在社会统一之前就存在，而且对统一体的后续运行有着重大影响。

诚如科塞所言，"齐美尔未曾构想过一个不存在摩擦的社会。也从未设想过能够抑制个体和群体间的对立和斗争。他持有这样一种观点，冲突作为社会生活的一部分，是社会生活的灵魂所在。冲突并不存在于相对健全的社会当中。反之，纷繁

---

[*] 钟心植，华东政法大学政治与公共管理学院硕士生，研究方向：公共安全管理、社会冲突。

复杂的冲突存在于社会的各个构成要素之间。"① 现阶段的中国处在社会转型时期，正在经历一场深刻的社会变革。在这场变革中，社会矛盾与冲突表现明显，各种社会冲突呈现快速增长趋势，并且日益成为影响社会稳定与和谐的突出问题。

## 一、社会冲突的两面性

达伦多夫曾对社会突出做出了表述，他认为社会内部不同地位具有不等量的权利，当不同群体表现为不同利益群体时，将会出现竞争、抢夺等状态，从而导致权利等力量的再分配，而这种状态就是社会突出的具体表现。② 美国社会学家科塞如此定义"冲突"："冲突是关于价值以及对稀有的地位、权利、资源的要求之争。在这种斗争中，双方对立的目的是要压制、破坏以至消灭对方。"③

（一）消极作用

一些社会学家认为，社会矛盾与冲突具有破坏性、瓦解性，促使社会功能不协调。达伦多夫虽然认为社会突出具有双性面孔，但是他更注重研究冲突对社会的消极作用，他认为冲突会使人们的经济地位被剥夺，增大两极对立的可能性，降低社会组织的适应性，浪费社会资源，破坏社会整合等。

社会冲突以不协调、不和谐的社会现象作为表现形式，其本质与社会稳定互斥，对社会稳定产生负面作用。社会冲突对社会发展的消极影响主要有两大类：首先，社会冲突会导致社会资源的浪费。只有充足的物质基础才能保证社会的快速发展，社会资源的浪费必然会阻碍社会的发展与进步。其次，社会冲突不利于和谐社会的构建。社会冲突会导致社会群体的分立与社会系统的僵化，进而破坏经济发展中各个环节的紊乱，导致政权的动荡，最终会使冲突的进一步爆发，社会形势更加严峻，新一轮恶性循环对构建和谐社会造成严重破坏。

---

① ［美］刘易斯·科塞：《社会学思想名家》，石人译，中国社会科学出版社1990年版，第204页。
② ［美］乔纳森·特纳：《社会理论的结构》，吴曲辉等译，浙江人民出版社1987年版，第211页。
③ ［美］刘易斯·科塞：《社会冲突的功能》，孙利平译，华夏出版社1989年版。

## （二）积极作用

然而在现实生活中，社会冲突具有两面性，它在表现破坏性的同时，也表现着它对构建持续稳定社会的正向作用。换而言之，社会冲突不仅是社会矛盾的产物，而且是寻求社会和谐稳定的要求所在。马克思在《德意志意识形态》中表述了冲突的意义，认为冲突会对社会的发展起到正面作用，不仅推动了社会的发展，而且对最终的社会变革具有重要意义。齐美尔的社会冲突理论在承认冲突普遍性的基础上对社会冲突的作用进行了深入探究，他认为社会冲突的负向功能只是一种表面现象，适量的冲突正如秩序与合作，对社会或群体发挥一定的正向功能。受齐美尔的启发，科塞的冲突理论也认为冲突对社会的影响是积极的，他认为社会冲突虽然会导致社会系统的紊乱，但这种现象另一方面不仅增强了社会关系的调整，而且使社会群体更加适应，也就是说社会冲突能够使社会重构以及强化社会关系，对于社会变迁有着影响或推动作用。[①] 具体而言，社会冲突的建构性作用主要体现在三个方面：

其一，社会冲突能够推动社会制度的革新。从一定角度出发，社会冲突为社会转变与革新提供动力，社会冲突的发生使社会发展成为现实。无论何种社会制度的出现都离不开社会冲突，诸多马克思主义学者从阶级冲突的角度出发，进行了详细的讨论与证明。恩格斯认为自原始社会以来，不同阶级之间的斗争恰恰是社会不断发展与进步的强大力量。[②] 马克思则持有这样的观点："革命是历史的火车头。"[③] 社会冲突的爆发是新旧制度相互交错碰撞的结果，非阶级冲突尽管无法直接催生新的根本的社会制度，却强有力地推动了基本社会制度和具体社会制度的建立。

其二，社会冲突具有"社会安全阀"功能。在所有社会的运作过程中，各个社会主体间产生的不满情绪不仅具有普遍性，而且会对整个系统产生一定程度的破坏，这种不满情绪一旦高于社会系统的承压阀值，就会引发社会系统的破裂和解体。因此，解决这一难题的渠道和途径就成为每个社会共同诉求，而社会冲突正是表达不满、发泄敌对情绪的主要途径。齐美尔认为："如果人们面对各种压迫时选

---

[①] 贾春增主编：《外国社会学史》（修订本），中国人民大学出版社2000年版，第263页。
[②] 《马克思恩格斯选集》第22卷，人民出版社1972年版，第560页。
[③] 《马克思恩格斯选集》第22卷，人民出版社1972年版，第474页。

择心平气和地不做抵抗，压迫一般就会加强；但是反对则会释放不满情绪、分散注意力和削减痛苦。"①显然，借助社会冲突，个体和群体之间在崭新的条件下进行关系重构。齐美尔还借用病人经历疾病进行更加形象的表述说明，"大约就像疾病的各种剧烈的现象，表现有机体摆脱干扰和损害的努力"②。基于此，正如生物个体借助自身调节恢复健康，社会系统能够借助自身的"安全阀"机制化解矛盾与冲突，重返协调的状态，这正是冲突在社会系统中释放正向构建作用的体现。科塞对其观点给予了充分的肯定，并对其社会冲突功能的核心论点进行了归纳："冲突作为所有社会关系的构成因素，消除对立和维持平衡使其具正向的功能得以凸显。"③

其三，社会冲突促进社会结构的调整。现如今社会的日益开放和同质性减弱，个体间在财富、权力、资源和价值等方面均有较大差距。个体之间与群体之间的往来和互动不仅推动交往形式不断革新，而且使其日益繁杂。社会冲突消除了冲突双方的对立状态并构建新的联系，与此同时，冲突的发生催生了双方对于规则建立的需求，并以此来协调不同个体的利益关系，由此社会规范正式诞生。现代社会的主要特征在于社会规范的构建，它对社会的平稳运行、社会发展发挥着举足轻重的作用。社会规范不仅保证了社会的完整性，还将社会系统的各个要素紧密地联系在一起，有效避免社会动荡可能会引发的分解，并且保证了社会内在运行和谐一致，推动了社会的一体化，从而实现了社会的有效整合。

## 二、社会冲突正面价值的实证分析

在上述理论的基础上，本部分从业已发生的社会冲突案例中撷取两个典型案例进行深层次的分析，从社会冲突的双重作用的视角出发，对于社会冲突的正向构建作用进行详细的阐述和剖析。

---

① [德] 盖奥尔格·西美尔：《社会学——关于社会化形式的研究》，林荣远译，华夏出版社2002年版，第181页。
② [德] 盖奥尔格·西美尔：《社会学——关于社会化形式的研究》，林荣远译，华夏出版社2002年版，第178页。
③ [美] 刘易斯·科塞：《社会冲突的功能》，孙利平译，华夏出版社1989年版，第60页。

## （一）从"乌坎危机"到"乌坎转机"

2011年末，广东省陆丰市乌坎村所发生的大规模社会冲突使得这个位于中国华南的边陲渔村引起了国内外数百家媒体的关注。无论是从村民诉求、事件规模、持续时间，还是从政府处置方式来分析，"乌坎事件"都极具标本意义。该事件的发生源于近年来乌坎村村委会的卖地行为。在当地居民不知情的情况下，村委会陆续转让了一部分农用土地，卖地款项达7亿多元，但每户的补助却只有550元。一方面，村务管理不公开与村财务"封闭式"管理等历史问题长期存在；另一方面，前任村委干部贪污腐败引发了村民的不满情绪。乌坎村村民于2011年9月21日发起大规模上访游行维权活动以示抗议。随后，当地政府未能通过危机处置取得成效，村民与当地政府的矛盾激发，事态迅速升级最终失控。在当地政府处置无效时，广东省委成立工作组紧急介入。工作组用政府让步的方式实现社会冲突的化解，是该事件最终得以化解的核心所在。广东省工作组承认了"乌坎村村民临时代表理事会"的合法性，并且借助《村民委员会组织法》的实施，将原来体制外的理事会主要成员通过合法程序纳入体制内。2012年3月4日，经村民民主选举，组成了以林祖銮为村主任的乌坎村第五届村委会。乌坎村进入村民自治新阶段，乌坎事件至此基本得以平息和化解。

然而，广东省政府对于乌坎事件的反思并未停止。乌坎事件的爆发映射出目前农村社会冲突的根源所在：第一，基层政府对村民合理利益诉求的无视；第二，原有的基层社会管理机制无法与目前经济市场化改革的状态相匹配，暴露出种种不健全、不完善的问题。

2012年5月1日，广州市民政局发布《关于实施"广州市社会组织直接登记"社会创新观察项目的工作方案》，推进社会组织登记管理体制改革正式实施。根据该方案，广州市全面推进社会组织直接登记，社会组织直接向民政部门提出申请即可，无须与业务主管单位挂靠，在原有放开八大类社会组织直接登记的基础上进一步扩大。

8月22日，国务院常务会议参照相关法律法规，决定对314项部门行政审批项目进行修改与调整。由于广东省经济发展迅速，市场发展较为成熟，先行范围定位于广东省政审制度改革，并对其中涉及的行政法规以及部门文件设定的审批项目进行调整，部分将会被取消。如今广东省经济处于转型期，所以政府职能转变迫在眉睫。国务院这一将广东省作为试点的决定,不论是对行政管理体制的改革,还是对市场经济体制的完善都具有重要意义。

广东省在 2012 年进一步"落实基层民主制度,加强社会组织建设,建立开放的社会治理制度"的一系列举措正是"乌坎危机到乌坎转机"带给全国的新经验、新理论和新实践。

(二)杭州余杭九峰垃圾焚烧厂及公共决策制度的革新

发生在杭州余杭的中泰九峰垃圾焚烧发电厂事件是一起典型的邻避型社会冲突。该事件始于 2014 年 4 月,杭州市公示了 2014 年重点规划工程项目,其中包括即将在城市西部的余杭区中泰乡建造一座垃圾焚烧发电厂项目。规划显示,其选址位于中泰乡原九峰矿区,群山环绕。有居民担心,周边空气、水体和土壤状况会受到焚烧厂排出烟尘、二恶英等有害物质的影响,并对周边居民健康造成损害。民众在得知此信息后,即展开了签名反对、听证申请等集体行动;对于民众的反应,杭州规划局只是给出了书面答复,但是未见进一步的举措。并且施工单位在没有获得环境综合评价以及相关审批的情况下,就对垃圾焚烧厂进行大肆施工,最终爆发了九峰垃圾焚烧项目公示以来最大的冲突,数千民众涌向拟建地,一度封堵了省道和杭徽高速公路。期间,甚至发生了打砸车辆、围攻殴打现场执法管理人员的事件,警民双方均有人员受伤。

杭州市政府对于此次事件的处理方式并不同于以往强行压制的处置方式,而是采取了积极的应对策略。事发后立即召开新闻发布会对九峰环境能源项目相关情况进行说明,并发布规划选址公告和环评第一次公示,介绍环境影响评价的主要工作内容并征求公众意见,使得事件得到初步平息。其后,开展水文地质调查勘察。与此同时,为了让市民群众更好地了解项目的科学性和合理性,余杭区和临安市分批组织 4000 多位市民赴广州、南京、苏州、常州等地相关环境能源项目进行参观考察。在充分保障广大群众的知情权和参与权的同时,也使得该项目赢得了广大群众的支持和理解。最终经过一系列的公众调查和环评批复,在项目审批获得批准以后,杭州市余杭九峰环境能源项目最终得以顺利开工建设。

中泰九峰垃圾焚烧发电厂事件成功处理,毋庸置疑是创新行政决策程序规则,强化公民利益诉求表达渠道建设,完善维护群众权益的标准范本,为政府社会管理指明了"开放公共政策,扩展社会参与,保障程序正义,构建全面保障"

的新趋势。

可喜的是，地方政府进一步深入思考了生态环境规划、公共决策的实施等一系列问题。为加强余杭九峰环境能源项目周边的产业规划和生态保护，《中泰街道02省道以南区块产业发展规划研究》和《杭州南湖小镇产业发展规划》已经获得批复。未来，余杭九峰环境能源项目所在地中泰街道将成为杭州城西集运动、休闲、度假、养生于一体的田园小镇。

更为重要的是《杭州市人民政府重大行政决策程序规则》正式公布，其对市政府的重大决策程序进行了详细规定，推动决策公开透明。重大行政决策涉及领域广泛，包括教育、环境、资源以及政府组织的重大项目等。对利益相当巨大的项目，明确了政府的职能，包括政府决策的提出、实施等环节，而且对政府后期所进行的监管以及责任追究也做出了清晰规定；明确政府重大决策要经过五个步骤：首先是公众参与、专家论证、风险评估、合法性审查、集体讨论决定；对每个环节的具体操作程序也做出了详细、明确的规定。例如，对于相关主体利益息息相关或是民众普遍关注的问题，应当及时采取座谈会这种面对面的形式，充分听取和收集公众特别是相关利益主体的意见和建议；对于决策事项中涉及的专业性问题，应该邀请该领域的专家进行调查和论证；对于涉及公共安全、环境保护等方面且争议较大的问题，应当积极开展风险评估报告等。此外，《规则》还提出，应当邀请人大代表、市政协委员和市民代表参与到开放式决策的审议过程中。同时，向市民提供互联网视频、电话等途径与市政府领导互动交流。

## 三、社会冲突正面意义的经验

基于以上案例的分析，社会冲突在释放大量负面影响的同时，也应该清楚地意识到妥善的冲突处置能够为社会带来正向价值。例如，社会冲突的爆发一方面暴露了社会发展进程中的种种问题和矛盾，另一方面通过对社会冲突的处置能够使政府机关意识到问题和矛盾的存在，推动了新的制度规范的建立和实施。上述案例，正向构建作用在社会冲突中的释放也为我们日后的工作提供了新的思路和方向。

## （一）高度重视社会民众的利益诉求是实现社会稳定的重要前提

从上述案例可以看出，导致社会冲突频发的最根本原因是民众利益受损，政府机关对于民众合法的利益诉求的不重视是导致民众与行政机关敌对关系的首要原因。这就要求我们在日后工作中，一方面要高度重视社会民众的利益诉求，另一方面，由于我国社会正处于社会转型的关键时期，也是矛盾与冲突频发时期，基于这样的现实条件，必须不断处理好日益多元化的利益诉求，兼顾社会各方的关系协调个人和集体的利益关系。科塞指出，参与者将现实性冲突视为达到现实性目标的渠道，如果存在优于冲突的方法，冲突就不会发生。

利益协调机制普遍影响着社会的每个成员。为了保持社会的稳定和谐发展，必须在处理利益关系时充分考虑到社会各个阶层，协调发展，兼顾四方。各级政府和有关部门必须在决策过程中坚持公平，把各阶层和不同群体的利益全部纳入考虑范围，最大限度地合理分配利益，妥善协调各方的利益关系。

## （二）科学建立社会民众的政治参与渠道是提升公共决策正确性的重要条件

政府必须正确对待公民的政治参与。我国部分官员存在着一种错误的观念：认为群众反映问题就是扰乱社会秩序，对政府不满。所以他们在应对问题时，为了维持一时的"稳定"而采用固有的压制手段。结果问题未能得到解决，反而导致不断放大升级，最终带来诸多不利的后果。由于我国经济发展迅速，人们参与公共事业的意愿在逐步增强；另外，社会发展多元化，利益涉及广大民众，言论自由以及利益矛盾也激发了民众的政治表述。上述两起社会冲突案例，都体现了在关乎民生的行政决策过程中，利益相关者角色缺失的情况，这不仅不利于公共决策的合理性和科学性，还会导致政府公信力下降，对于冲突事件的后续处理工作带来难度。

政府应充分认识到，公众参与一方面是公共政策在具体决策中的必要条件；另一方面还需形成可行性、合理性的制度，在与民生息息相关的政策制定过程中要建立起完整的信息公开与信息反馈的规范制度与操作程序。例如，良好、便捷的信息发布与信息反馈制度，以及公众与政府的互动制度。一方面，政府可以邀请能肩负广大民众利益的成员加入听证会，而且应遵照听证会的相关流程与制度，将政策信息与意见实时的传达给参会人员。在召开听证会的过程中，政府应将相关信息与决策公开、透明地进行公布，并虚心听取参会成员的宝贵意见，及时对相关意见进行合理解答。在此过程中，一定要对所有意见进行研究和探讨，防止"选择性"地听取意见，从而发挥公共参与在听证会中的重要作用。另一方面，可以将许多地方开设的市长信箱与网络相结合，形成以网络为载体的民众沟通平台，开拓民意采集渠道，为民众的利益诉求表达提供更为便利的途径。

从政府的角度出发，充分的利益表达能使民众的心声得到政府的关注，从而使政府得出正确的结论，做出正确的决策，进而使社会冲突得到缓解。从民众的角度出发，充分的利益表达能使民众将心中的意愿表达出来，进而使民众与政府的关系得到缓解。民众集体参与是政府管理与发展的内在动力，它影响着公共政策的科学与合理性。

### （三）积极推进政务公开是实现社会和谐发展的重要基础

有些地方政府在制定公共政策时对信息进行封闭，使得政策在执行过程中困难重重。政府信息的封闭性，导致民众对政策的合理性和合法性产生怀疑，甚至发生群体性事件。与此同时，政府未采集民众的意见，并且未与民众进行互动，使得最终的公共政策会被民众否认。另外，民众会从不同的渠道得到不可靠的信息，在民众与政府信息不相符的情况下，民众会产生疑虑心理，认为政府会做出对他们不利的行为，从而导致政府的民众信任力度下降。即使事发后政府为取得民众信任而公开完整的信息，也无济于事。而且，对信息的一知半解会使民众产生恐惧、制造流言，进而激发矛盾，不易协商。

正如上文中的杭州余杭九峰垃圾焚烧厂事件，虽然是一项惠民的公共设施项目，但由于民众对此类项目并没有全方面的了解，并且决策过程较为封闭，致使此项目被顺利通过并付诸实施前夕，民众才得知该项目。

建立健全公共决策信息公示制度是积极推进政务公开的核心内容：一是要拓宽政府政务的公示范围，塑造"透明政府"；二是要逐步完善与政务公开相对应的法律法规，建设具有高度回应性的政务公开规范；三是要开辟信息公示新路径，扩大信息公开的范围和渠道多元化，建立政府与民众之间沟通、反馈的桥梁。四是推进电子政务，为政府信息提供更为便利的平台。

# 案例分析

# 基于案例推理的突发事件应急管理对策研究
## ——以台湾八仙水上乐园粉尘爆炸事故为例[*]

郭 翔 殷文君[**]

**摘 要：** 突发事件不确定因素众多，其发生发展与演化路径也不尽相同。利用案例推理技术，从情景维度、事件维度和管理维度对突发事件的属性进行分类表达，可以总结出突发事件的特性并实现事件表达的规范化。以台湾八仙水上乐园粉尘爆炸事故为例对"三三制"理论与描述准则进行实证分析，并在此基础上提出了突发事件应急管理的对策，这对于应急管理辅助决策具有指导意义。

**关键词：** 案例推理；突发事件；应急管理

当前我国公共安全形势严峻，突发事件频发。仅以爆炸类突发事件为例，近年来就分别发生了 2016 年 4·29 深圳铝粉尘爆炸事故、2015 年 6·27 台湾八仙水上乐园粉尘爆炸事故、2014 年 8·2 昆山粉尘爆炸事件、2010 年 2·24 秦皇岛粉尘爆炸事故等。这类突发事件带来了巨大的人员伤亡与经济损失，因此反思如何提升突发事件应急管理能力是当务之急。

## 一、基于案例推理的突发事件应急管理研究现状

基于案例推理（Case-based Reasoning，CBR）是一项广泛使用的技术。其基本思想是当遇到新的问题时，在案例库中检索过去解决的类似问题及其解决方案，然

---

[*] 基金资助：中国博士后科学基金资助项目（项目编号：2014M560066）。
[**] 郭翔，管理学博士，国家行政学院博士后，副教授，研究生导师。主要研究领域：应急管理。

后比较新、旧问题的属性差异,通过对旧案例中的解决方案进行调整和修改以解决新的问题。

基于案例推理技术的逻辑思路与突发事件应急决策的逻辑过程高度契合,故此,有学者将基于案例推理技术引入到突发事件应急管理领域。

Jiri[1]等人建构一种基于案例推理算法的应急服务架构中进行的传统的模型,研究运用案例推理算法分析目标案例中发生问题的可能原因,并以消防救援活动为例对目标案例属性描述的模糊性及案例信息的不确定性和有限性进行了明确化。Liu[2]则利用案例推理技术构建了应急资源需求情况的预测方法,并阐述了应急资源需求预测的原因及特点。Zhao[3]等人构建了一种创新性的应急决策辅助方法。其做法是从案例库中检索出相关联的历史案例,运用贝叶斯动态先验分布预测模型来预测预期缺席的数量,输出特征值,将特征值结果放入基于状态转换的马尔科夫矩阵,通过目标案例与历史案例之间问题的适应性、匹配性程度形成建设性决策方案,帮助决策者达成决策共识。

案例推理包括四个环节,即案例检索(Retrieve)、案例重用(Reuse)、案例的修改和调整(Revise),以及案例学习(Retain)。其中,案例检索是案例推理的第一个环节。在该环节中,对案例进行剖析,对案例属性进行给出结构化表达则构成了案例推理必须要进行的首要任务。故而,本研究将以台湾八仙水上乐园粉尘爆炸事件为典型案例,对其进行剖析,以探索突发事件应急管理的对策。

## 二、突发事件案例推理的结构化表达模式

佘廉等人提出了"三三制"的案例结构化表达模型。[4] 根据该模型在突发事件案例中,可以将突发事件案例从三个维度进行描述,即事件维度、情景维度、管理维度。

---

[1] Jiri Krupka, Miloslava Kasparova, Pavel Jirava, *Case-Based Reasoning Model in Process of Emergency Management*, Man-Machine Interactions, AISC 59, 2009, pp.77-84.

[2] Wenmao Liu, Guangyu Hu, Jianfeng Li, "Emergency Resource Demand Prediction Using Case-based Reasoning", *Safety Science*, 2012, Vol.50(3), pp.530-534.

[3] Jidi Zhao, Tao Jin, Hui Zhang Shen, *A cased-based Evolutionary Group Decision Support Method for Emergency Response*, Pringer-Verlag Berlin Heidelberg, 2007, pp.94-104.

[4] 佘廉、张明红、黄超:《公共突发事件案例表达结构化模式探讨》,载《华南理工大学学报(社会科学版)》,2015年第6辑。

其中，事件维度主要阐述的是事件起止的全过程的客观信息，包括其发生、演化、应急响应过程、次生衍生事件、损失及结束等。事件维度涵盖时间属性、空间属性和类型属性三大部分。其中，时间属性包括事件链分段、应急响应阶段划分等；空间属性包括地域范围、实体以及虚拟伤害等；类型属性包括事件类型、级别等。事件维度的属性描述准则，此维度的案例表达以实现对事件客观信息的完整、详细描述为目标。对于时间属性的表达准则是要以时间链为基准，按照事件发生的时间—情景—应急响应的顺序，对案例进行表达，重点突出不同时间段下事件的演化过程；空间属性的表达准则是以数据为依据，通过定量的方式来描述，如刻画造成的影响范围及损失等；类型属性的表达准则是以定性描述为基础。

情景维度主要表现为突发事件的发生地的诱发或触发环境信息，可能承载损害后果的社会环境等。情景维度以描述案例发生环境的性质及特征为主，主要目标是界定案例性质类型、外在表面特征等。其主要描述内容包括地理、水文、气象等自然属性，也包括人口、交通、经济等社会属性，还包括危险源、承灾体等风险属性。情景维度的属性描述准则。情景维度的属性描述主要是借助于已有的专业术语及科学定义，对事件的自然、社会、风险等属性进行描述。

管理维度主要表现应对突发事件的管理主体的决策行为、应急响应活动及其应急响应活动产生的结果。就实际操作而言，在应急管理过程中，行政主体做出的应急决策及其行政行为将直接影响到事件的演化。因而，管理维度主要的描述内容包括行政行为、事件处置、社会稳控等处置任务以及管理主体的构成、类型、角色，还包括应急人员构成、应急物资构成等资源配置属性。管理维度的属性描述准则，此维度的属性描述目的在于能够清晰地表达出突发事件应急主体的行为以及行为结果。对于应急行为主体的类型描述，基本准则是依据当前对各类组织的界定进行划分和描述。对于资源配置属性的描述，其基本准则是以数据形式进行最直观的表达。

突发事件案例属性表达准则的提出是对佘廉等人提出的"三三制"理论的完善。其实用性可通过台湾"6·27"八仙水上乐园粉尘爆炸事件予以展示。

## 三、台湾"6·27"八仙水上乐园粉尘爆炸事件案例分析

2015年6月27日，台湾省新北市八里区的八仙水上乐园泳池舞台，在举办彩色派对活动时发生粉尘爆炸事故。

## （一）事件维度

时间属性方面。6月27日20时32分左右舞台前方蹿起火光，高达2米，舞台工作人员用二氧化碳灭火器进行灭火反致复燃；21时左右消防官兵赶到现场扑灭明火，抢救现场受伤游客；22时20分新北市长朱立伦抵达现场，指挥事故救援行动并处理后续事件；28日1时20分现场清理完毕。

空间属性方面。舞台前至场地后围直径超过20米。事故现场仅有一条逃生通道，三面围堵，整个现场呈半封闭状态。该事件截至2015年12月25日，事故共造成死亡15人，伤484人，其中重伤202人。

事件响应方面。粉尘爆炸事故因伤亡惨重且民众不知而引起社会恐慌；同时政府缺少对彩色粉末使用及安全防范上的制度规范而引起社会强烈不满与谴责，在后续的调查中发现疑似记载送礼给新北市政府官员的账册；且八仙水上乐园安检报告有造假之嫌，全案朝官员贪渎方向发展。

## （二）情景维度

自然属性方面。亚热带季风气候，气温最高可达38度，空气湿度较低，泳池内四面池壁且人数密集造成通风不畅；事发地位于泳池旁，水源充足。

社会属性方面。事发地人口集中度极高，活动共吸引逾4500人参与，事发泳池内容纳约600人；年龄层在18—29岁的青年人；职业属性上有266名为教师和学生；交通方面，最近的消防局距离事发地的救援距离是14.5公里，道路通畅情况下消防车赶到事发地需16分钟。事发时间为周六的黄金时间段，道路畅通度不高；事发地泳池内仅有1条逃生坡道，三面高墙围堵，与地面有2米落差，是半密闭性空间，严重影响了逃生。

风险属性方面。危险源是彩色粉尘。彩色粉末的主要材料是表面经过疏水化处理的玉米粉，燃点变得很低，遇到火源或电热器具极易爆炸，瞬间燃烧温度极高，事发地共28个彩粉喷枪及2个大型泡沫机，彩粉用约20公斤；第二个危险源是热源（舞台灯），以及现场残留了10个打火机及40余个烟蒂。

## (三) 管理维度

处置任务方面。消防队与医护人员第一时间展开救援；警方27日晚案发时间将相关负责人带走侦讯、侦办；新北市长27日晚要求八仙乐园立即停业。6月28日上午10时，新北市政府勒令八仙乐园无限期停业，等待调查。6月28日11时30分，新北市宣布针对此事件主办单位及八仙乐园负责人，由警察局及法制局会同检警单位成立调查小组，依公共危险、业务过失重伤害等罪嫌移送侦办，追究业者刑事与民事责任，并协助受害者申请求偿，启动查扣财产赔偿机制。

社会稳控方面。6月28日上午新北副市长召开新闻发布会，对事故情况进行说明并慰问受害者家属，做出事故赔偿，宣布新北市禁止所有粉尘、粉末于活动中使用。同日"行政院"宣告全国全面禁止所有与粉尘相关的公共休闲活动。当日下午，台湾地区领导人马英九前往台北荣民总医院探视事故伤患。马英九对家属保证，政府会全力救治，并追究失职人员责任，协助家属求偿。当日还成立灾后处理小组，持续办理后续医疗处置、伤者济助慰问、法律咨询服务、协助求偿等医疗及关怀服务相关工作。八里区公所于八仙乐园成立联合服务中心，由应变中心设置服务专线，提供24小时服务咨询。6月30日，新北市卫生局在收治超过10名伤患以上的医院，皆派驻人员在医院现场，协助病患及其家属医疗等各项服务咨询，逐一建立每位伤患的个人档案资料，方便查询实现伤员及时调度。

管理主体方面。在事件发生后，新北市市长朱立伦第一时间到现场进行指挥，成为最主要的应急决策者。台湾行政主管部门、新北市卫生局、海基会等部门在该事故中也扮演了应急管理的角色。新北市消防局、台北市消防局等赴现场承担现场指挥救援任务，新北市卫生局则承担了辅助救援及医疗资源协调的角色。

资源配置方面。参与应急的队伍包括新北市、台北市、桃园市消防局，新北市、基隆、桃园医院，社会局及志工。官方与民间共1092人参与救援，总计救护车出动144辆次；在财政支持方面，截至6月28日新北市政府发放近450万元新台币慰问金，且健保署为伤者提供医疗费用200万元新台币/每人，后期"行政院"动用紧急预备金1亿元台币，提供了烧伤生物敷料产品1264盒，社会捐助则达到了10亿台币。

## 四、基于台湾八仙水上乐园粉尘爆炸事件的突发事件应急管理对策研究

6·27 台湾八仙水上乐园粉尘爆炸事故是新北市救灾史上受伤人数最多的突发事件。尽管台湾士林地方法院依"业务过失致死"等罪判处"玩色创意"负责人吕忠吉 4 年 10 个月有期徒刑,但事件还是有很多值得反思的地方,也借此可提出相应的突发事件应急管理的对策。

### (一) 台湾八仙水上乐园粉尘爆炸事件的反思

制度的反思。彩色粉末被引进台湾至今,却未制定安全规范,也缺乏相应的法律法规,此次爆炸也因此引发强势的检讨声浪。此外民众对粉尘爆炸重视不足,这些标榜使用食用级玉米粉加上色素制成的缤纷彩色粉雾,一遇火源,便极易引发"粉尘爆炸",杀伤力更甚煤气罐,民众开心之余却忽视这种潜在危险。

应急处置的反思。应急资源配置不当是值得重点反思的。此次爆炸事故造成 484 人受伤,其中 200 余人为重伤,伤员过多而医护救治人员不足,使大量伤员无法得到及时专业救治。同时还有舆情应对不当,面对伤者家属的责难有避重就轻倾向。

事故惩治与追责的反思。对责任人惩罚力度不足引起社会舆论哗然;此外士林地检署早前认定事故原因是器材所致,与场地无关,决定对地主八仙乐园董事长陈柏延等 8 人不进行起诉,也引起被害人家属争议。

### (二) 突发事件应急管理的对策研究

依据"三三制"理论对台湾八仙水上乐园粉尘爆炸事件进行案例剖析,对于未来的突发事件应急管理具有重要的借鉴意义。

**1. 在管理维度层面上,突发事件应急管理要求完善和丰富政府的应急处置手段**

管理维度包括应对主体、资源配置等内容。对于政府而言,需要明确每一个突发事件的应对主体,防止出现多头指挥的情形,需要保证对于突发事件应急管理的

全过程都能够做到有备无患，能够制定充分而详尽的、可操作化的应急预案；需要有针对性的研发突发事件的应急救援与处置的装备；需要通过制度化的预案演练，不断开发应急处置的新技术。

### 2. 在情景维度层面上，需要建立完善的突发事件信息管理系统

情景维度包括对突发事件的自然、社会、风险等属性的内容。信息是有效的突发事件应急管理的基础与前提。突发事件应急管理都必须依靠尽可能充分的信息来进行决策与指挥。对此，需要建立区域性甚至全国性的突发事件数据库，其内容包括自然地理信息、人文社会信息、社会风险信息等。信息管理系统可以按照分类分级的原则建立。

### 3. 在事件维度层面上，需要建立突发事件应急管理的规则体系

事件维度包括时间属性与空间属性等。在突发事件应急管理过程中，应依据时间链和事件链建立起突发事件发展演化的路径；建立突发事件案例库，确定通用性的事件分级分类标准；要使应急管理在上级政府统一领导下组织实施，要充分发挥地方政府的能动性和积极性，明确规定管理机构、职能部门、应急指挥和救援队伍间的职责。

# 反向消解：P2P 行业群体性事件中政府公信力流失机理

## ——基于昆明泛亚有色金属事件的分析

李 方*

**摘　要**：互联网金融投资领域在一段时期的蓬勃发展后，兑付危机等问题集中出现，影响范围广泛，且引发了一系列的群体性事件。本文以昆明泛亚有色金属事件为例，探讨地方政府与企业之间存在的一种围绕政府公信力的互动模式，一些企业通过借助地方政府公信力来提升自身的影响力和竞争力，但在企业危机出现后政府公信力由于这种混沌的公信力关系而受到损害。在这类事件中，政府公信力的流失具有反向消解的特征，呈现出一种动态的流失过程，且这一过程具有逐步扩散的特征。

**关键词**：互联网金融投资；群体性事件；公信力；反向消解

## 一、问题提出与文献述评

公信力是政府的影响力与号召力，它是政府行政能力的客观结果，体现了政府工作的权威性、民主程度、服务程度和法治建设程度，同时，它也是人民群众对政府的评价，反映了人民群众对政府的满意度和信任度。[①] 当前，公众对自身利益的期望同地方政府有效满足人们诉求之间的矛盾日益突出，地方政府公信力不断流

---

\* 李方，男，汉族，华东政法大学政治学与公共管理学院公共安全管理专业硕士研究生，主要研究领域：社会冲突与社会治理。

① 唐铁汉：《提高政府公信力　建设信用政府》，载《中国行政管理》，2005 年第 3 期。

失,并有陷入"塔西佗陷阱"的危险。地方政府公信力的弱化还可以扩散到整个社会信用体系,对社会的方方面面产生不可忽视的消极影响。①

对于政府公信力的研究主要集中于公信力的评价体系的构建。如舒小庆(2008)认为政府公信力如何取决于政府行为的法制化程度、政府政策的规范化程度、政府民主化程度、政府官员的道德感与廉洁程度以及政府工作的公开度这5个主要方面。② 吕维霞等(2010)基于公众感知的定量分析,将政府公信力的影响因素方面概括为公众满意度、政府形象、政府承诺、公众感知行政服务质量以及人口统计特征五个方面。③ 针对地方政府公信力流失,高卫星(2005)认为主要原因在于:传统的官民对立理念的影响,造成官僚主义盛行;缺乏有效的权力制约机制和政府问责机制;信息不公开、不透明,公开的信息不准确、不可信;法律缺位,政府工作人员法律意识淡薄;腐败现象的大量存在大大降低了政府公信力。④ 除此之外,王国红等(2013)认为,地方政府公信力流失的深层次原因在于地方政府职能建设滞后于社会发展以及地方政府与社会合作互动模式不成熟。⑤ 这些对于政府公信力的研究是一种相对静态的研究,主要着重于政府公信力指标体系的构建及公信力流失因素的宏观分析,缺乏相对具体的过程研究。另外,在分析地方政府公信力与群体性事件关系方面,一些研究着重于分析在地方政府公信力弱化的背景下如何利用公共危机事件来提升地方政府公信力。如周红等(2011)指出频发的群体性事件为地方政府敲响了警钟,地方政府作为公共危机管理的主体,公共危机治理中应充分发挥自身的影响力与号召力,不断提高政府应对公共危机的能力,以提升地方政府的公信力。⑥ 另一些研究主要集中于地方政府公信力缺失的前提下,泄愤性群体性事件或谣言类等群体性事件更易发生的研究。如于建嵘(2009)指出当社会条

---

① 王国红、马瑞:《地方政府公信力的流失与重塑——多元协同治理的视角》,载《湖南师范大学社会科学学报》,2013年第2期。
② 舒小庆:《政府公信力:价值、指标体系及其实现途径——兼论我国诚信政府建设》,载《南昌大学学报(人文社会科学版)》,2008年第6期。
③ 吕维霞、王永贵:《基于公众感知的政府公信力影响因素分析》,载《华中师范大学学报(人文社会科学版)》,2010年第4期。
④ 高卫星:《试论地方政府公信力的流失与重塑》,载《中国行政管理》,2005年第7期。
⑤ 王国红、马瑞:《地方政府公信力的流失与重塑——多元协同治理的视角》,载《湖南师范大学社会科学学报》,2013年第2期。
⑥ 周红、艾太强:《公共危机管理状态下地方政府公信力的重塑》,载《西北师大学报(社会科学版)》,2011年第4期。

件变化、尤其是政府处置措施不当、丧失公信力的时候,在法律框架之内活动的"维权事件"会迅速转变为社会泄愤事件。[①] 再如,王颖吉等(2014)认为在当前的中国社会,诸如食品安全、自然灾害、生态环境、市场财经、公共卫生、政治腐败等领域成为谣言多发的领域的一个重要原因就是政府公信力受到了严重破坏。[②] 相较于公信力弱化为前提的群体性事件研究,本文在对金融投资领域的群体性事件的案例研究中,发现也存在这样一种情况——政府公信力伴随群体性事件的前期酝酿及发展过程动态流失。

自2007年8月中国第一家P2P贷款网站成立以来,互联网金融出现井喷的现象,影响范围不断扩大,交易数额日益增长。据第三方网贷资讯平台数据显示,截至2016年3月,中国P2P贷款平台达到3984个。然而,最近几年互联网金融投资领域出现问题的平台也与日俱增,数据显示从2015年1月至2016年4月,新出现问题的P2P平台数量累计达到1200家以上,问题主要包括跑路、提现困难和停业等。这其中影响巨大的平台包括非法吸收资金500亿的e租宝,涉及资金规模高达430亿元、投资者超过22万人的昆明泛亚有色金属交易所股份有限公司(以下简称"泛亚")旗下的平台。最近一段时间出现的P2P平台的问题,引发了一系列的维权活动,也出现了许多群体性事件。公众对于政府的监管提出了质疑,而一些出现危机的公司最初的筹建和发展与地方政府有着千丝万缕的联系,更是引起公众的强烈不满,地方政府的公信力饱受考验。

本文以"泛亚"事件这一具体群体性事件为例,重点分析政府公信力在该事件的前期和后期发展过程中如何动态流失的,指出反向消解是这类事件中政府公信力流失的一大特征。反向指的是原本可能正向促进地方经济发展的政府行为却由于企业危机的出现而反方向地损害政府形象或利益。消解则源自于制度经济学的租值耗散理论,但与该理论存在细微差别。租值耗散理论,亦作租值消散,该理论指出,在产权安排不明晰的情况下,原本具有价值的资源或财产的价值或租金下降,以至于完全消失。政府公信力作为一种社会资本,是政策顺利施行的保证,与政府行为成本紧密相关。但在现实情况下,一些地方政府所具有的公信力,由于缺乏规范,在地方政府与企业的互动过程中被随意消耗,导致了地方政府公信力不断消散。与

---

① 于建嵘:《当前我国群体性事件的主要类型及其基本特征》,载《中国政法大学学报》,2009年第6期。
② 王颖吉、王华萍:《社会公信系统在谣言防治中的作用分析》,载《当代传播》,2014年第1期。

租值消散理论有所差别的是,反向消解过程发生的原因更多在于责任的不明晰。因此,本文围绕"泛亚"事件,具体分析政府公信力反向消解是如何发生的,并以此案例为出发点提出构建地方政企关系的观点。

## 二、案例回顾

本文案例材料主要来源于四种资料:一是政府相关部门的文件资料;二是电视新闻报道资料;三是新媒体报道;四是网络论坛等途径收集到的现场图片及视频资料。

### (一)"泛亚"筹建与发展

2010年8月25日,由昆明市副市长等参加的设立昆明有色金属商品交易所立项建议专题会议举行。之后在11月17日,昆明市政府发出《关于成立泛亚有色金属交易所工作推进领导小组的通知》。为了监督、管理和协调泛亚工作,指导泛亚交易所规范运营,12月27日昆明市政府颁布施行了《昆明泛亚有色金属交易所交易市场监督管理暂行办法》,成立了泛亚市场监督管理委员会。在2011年4月21日泛亚成立庆典上,云南省委常委、昆明市委书记为泛亚有色金属交易所敲响了开市第一锣。6月10日,在民建中央、科学技术部、广东省人民政府、深圳市人民政府主办的第十三届中国风险投资论坛上,泛亚获"2011中国最具投资潜质创新企业"称号。2012年3月,在全国交易所整顿敏感时期,泛亚发布一则《交易所就依法运营事项获云南省复函支持》的公告引起投资者的关注。在一些网络消息中,这则公告被看作是泛亚交易所在整顿中"被审批过关"的"批文"。2013年,泛亚"委托受托业务"获风云滇商"最佳经营模式奖";泛亚董事长单九良被"中国大宗商品协会"等评为"中国大宗商品行业领军人物";在和讯网、中国证券市场研究设计中心联合举办的"中国财经风云榜"评选活动中,泛亚获得了"最受投资者关注的现货电子盘"奖。2014年,泛亚举行声势浩大的"2014年全国巡回投资报告会",在这期间著名经济学家郎咸平、宋鸿兵等纷纷为泛亚站台,吸引了不少投资者。2014年1月3日,"云清整办(2014)1号"文件认为:未发现泛亚开展的委托受托业务违反现行相关法律法规和有关规定;同年9月,"云清整办函

(2014) 17号"文件再次表示未发现泛亚开展的委托受托业务违反现行相关法律法规和有关规定。

### (二) "泛亚"危机出现与爆发

**1. 危机初见端倪**

2014年11月13日,在云南召开的全省各类交易场所清理整顿领导小组会议中,云南省证监局局长王广幼曾指出泛亚风险巨大。19日,云南省证监局曾在其官网发布上述会议工作动态。但泛亚同日向省金融办递交《后续工作的请求》,认为上述说法不符合其交易所实际情况。之后含有泛亚"风险巨大"的工作动态被删除。2015年4月份开始,泛亚单方面修改交易规则,限制出金、变更业务、强行锁仓。7月12日再次发布公告称强制锁仓24个月。一些公众也包括从外地来的一些投资者通过信访等方式向当地政府部门反馈情况,但却未得到足够重视。

**2. 群体性事件集中爆发**

2015年7月20日上午9点,200多名泛亚投资者穿着统一的文化衫,正面印着"血汗钱拿不回,家欲破人欲亡",背面印有"信政府挽危局,施援手救百姓",聚集在云南省政府门前,希望能见到省长,为自己的投资讨要说法。9月19日泛亚上海投资者来到上海商业中心地带——静安寺集会维权,要求相关部门严惩泛亚高层,追回投资资金。9月21日上午,多名投资者在国家信访局门前集会。20日下午,超过1000名来自全国各地的泛亚投资者聚集在证监会门口维权。9月22日上午,投资者在中央电视台门前聚集。

**3. 政府回应及处理进展**

鉴于不断演化的群体性事件,昆明市人民政府在9月25日通报称已经多次向泛亚有色金属交易所下发整改通知、约谈公司高管人员。这一举动被视为是昆明政府首次回应泛亚兑付危机。10月16日,云南省人民政府办公厅通报称,昆明泛亚有色已被纳入云南省交易场所清理整顿范围,云南省和昆明市在风险处置过程中督促昆明泛亚有色按照清理整顿要求对有关经营业务进行规范整改,修订交易规则,升级交易系统,促进企业规范发展。12月22日,昆明市人民政府发布通报称:经前期大量调查,判明昆明泛亚有色金属交易所股份有限公司在经营活动中涉嫌违法犯罪问题,公安机关已依法立案侦查。2016年3月31日,公安机关在《非法集资案件投资人信息登记平台》上启动昆明泛亚有色案件投资人信息登记工作。

## 三、政府公信力的反向消解过程分析

### （一）围绕公信力的政府、企业、公众三者关系的构建

改革开放以来，中国从计划经济转为市场经济中重要的转变在于政府与市场关系的转变，政府的职能由微观干预转为宏观调控，即为图中所示的政府与市场的关系模式1。政府与企业之间的关系，主要涉及政府对企业的成立审批、监管、税收以及政策支持等。而在市场活动中，政府与公众之间的关系，主要围绕政府保护公众合法权益、刺激公众消费等。其中，图中①表示企业在市场中通过企业自身的公信力来影响公众决策的行为，例如通过企业广告宣传等方式来让公众了解和信任企业产品等。图中②表示拥有政府公信力的政府通过经济政策、法律法规等方式监督和影响市场的行为。然而，在实际的地方政府与市场关系中，也存在图中③所示的情况，即企业借助于政府的公信力来影响公众决策的行为。

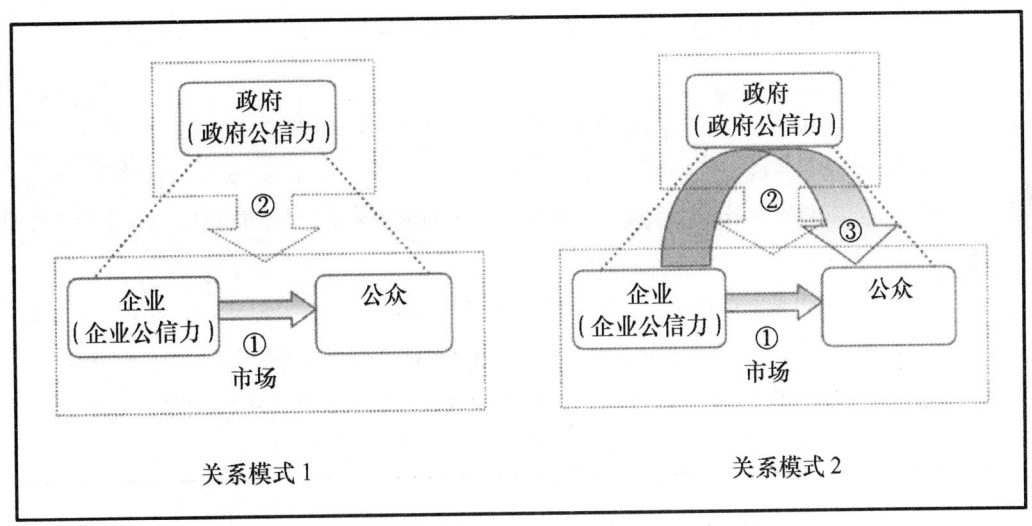

图 1　地方政府、企业、公众关系模式

在互联网金融投资领域，投资者受投资风险及投资收益的双重影响。而互联网金融投资领域是信息相对不对称的，投资者个人很少有能力单独对投资机构进行评估，所以往往选择间接方式来评估风险，如政府认证文件、政企联系、第三方权威认证等等。因此，相较于普通民营金融企业，国企或大型企业，如银行、证券、期货等机构在公众看来风险较低，更易获取公众信任，吸引更多的资金。非国有企业

为了使其利用和整合各类资源的竞争力得到提升,有强烈的动机建立政企关系,借助政府资源和政治力量促进企业发展。① 同时,地方政府在 GDP 为主导的政绩考核情况下,也热衷于招商引资,政府与企业间存在"双向寻租"活动。这种活动既有传统寻租的企业逢迎政府,也有政府逢迎企业的"反向寻租"活动。② 在这样一种动机模式下,地方政府、企业、公众三者实际上围绕公信力构建了图中所示的关系模式 2。

在泛亚的前期筹建及发展过程中,这样的关系模式发挥着重要的作用,具体可以分解如表 1。

表 1　泛亚筹建发展过程中三者关系分解

| 行为方式 | 具体表现 |
| --- | --- |
| 方式① | 参加各类评选,如风云滇商、"中国财经风云榜"等评选;<br>2014 年年初起,泛亚举行声势浩大的"2014 年全国巡回投资报告会"; |
| 方式② | 2010 年 12 月 27 日,昆明市政府颁布的《昆明泛亚有色金属交易所交易市场监督管理暂行办法》施行;<br>2012 年 2 月,全国交易所整顿行动,云南省政府对包括泛亚在内的交易所进行审查; |
| 方式③ | 2010 年 11 月 17 日,昆明市政府发出《关于成立泛亚有色金属交易所工作推进领导小组的通知》;<br>2011 年 4 月 21 日泛亚的成立庆典上,云南省委常委、昆明市委书记为其敲响了开市第一锣;<br>2011 年 6 月 10 日,泛亚在民建中央、科学技术部、广东省人民政府、深圳市人民政府主办的第十三届中国风险投资论坛上,获"2011 中国最具投资潜质创新企业"称号;<br>2012 年 2 月 24 日,在全国交易所整顿敏感时期,泛亚在整顿中"过关";之后,云南网也发布了《昆明泛亚有色金属交易所整顿过关获政府支持》新闻。 |

可以看出,在泛亚发展的过程中,方式③的影响很重要。另外,值得注意的是即便是方式②的一些事件,也极易被企业用来包装成提升企业自身公信力的方式。例如,2012 年全国的交易所整顿行动,泛亚在顺利"过关"后对于这样的有利消

---

① 徐晋、贾馥华、张祥建:《中国民营企业的政治关联、企业价值与社会效率》,载《人文杂志》,2011 年第 4 期。
② 耿曙、陈玮:《政企关系、双向寻租与中国的外资奇迹》,载《社会学研究》,2015 年第 5 期。

息广泛宣传,以提升企业自身的公信力,吸引投资者。

这样形成一种围绕政府公信力的三者关系模式。虽然这样一种互动模式为企业带来了很好的宣传效果,促进了一些地方企业的迅速发展,同时也在一定程度上提升了地方经济,但是这样一种模式实际上是把政府的影响过分拉入到了市场之中去,原本应处于中立地位的地方政府,被卷入混沌的公信力泥潭——政府公信力与企业公信力交织在一起。

(二) 政府公信力的流失机理:反向消解

从泛亚的案例来看,昆明地方政府最初成立的泛亚市场监督管理委员会并未能有效防控风险,有效监管企业的行为。随着泛亚事件的爆发,地方政府公信力不断流失。政府公信力的流失随着事件的发展分为两个阶段:危机出现时期和群体性事件集中爆发时期公信力的流失,分别对应地方政府公信力的反向消解和反向消解的扩散化两个过程。

**1. 地方政府公信力的反向消解**

由于在这种关系模式下,企业公信力以政府公信力为担保,一旦企业出现危机、公信力受到质疑的情况下,当地政府连同企业一起受到公众的质疑,成为公众维权口号中的一个焦点。即在这样一种政府、企业、公众三者关系模型下,企业出现危机会对地方政府公信力产生直接的负面影响,原本在一定程度上正向促进部分地方企业发展的互动模式,在危机出现后产生对地方政府公信力的反向消解的影响。

不过,在泛亚危机开始出现端倪时,地方政府公信力并不是马上流失至完全不受信任的,而是一个动态的过程。虽然,危机出现引起了很多投资者对当地政府的怨恨和质疑,但是最初阶段,投资者依然期望能够通过当地政府来拿回损失。因此,很多投资者包括其他省份的投资者最开始选择通过去当地信访部门反映情况或者去当地公安部门报案,期望能够得到当地政府的解决。在这一过程中,当地政府仍然被认为在一定程度上是可以信任的,地方政府公信力仍然发挥着作用。因此,在图2中,在危机初现端倪阶段,此时政府公信力受影响的范围处于状态Ⅰ,矛盾的焦点在于市级政府由于泛亚危机的出现而公信力锐减。

可是,接下来得到的反馈则是令很多人感到更加担忧。投资者在昆明当地的报案并未得到足够重视,一些投资者只能期望依靠更高的权威主体,于是选择去云南省信访部门反映问题,但收到的反馈则是"根据《云南省清理整顿各类交易场所工作方案》(云政办发〔2011〕256号),昆明市人民政府负责泛亚有色交易所的日常监管工作。按照《信访条例》等相关规定,不予受理"。与此同时,很多投资者也通过网络途径相互沟通信息,了解事件进展,表达不满。在这一过程中,随着合法途径维权的失效,投资者不仅对昆明政府的反馈不满,也对云南省政府的消极回应表示愤怒,地方政府公信力受到严重质疑。泛亚危机的出现加之合法维权路径未能奏效,地方政府公信力模型2的潜在风险因此而暴露出来,地方政府公信力由于与企业公信力交织在一起而在危机中遭受严重损害。

由此可以看出,反向消解作为政府公信力流失的一种机理,其产生的基础在于围绕政府公信力所形成的政府、企业、公众的扭曲的关系模式。对于政府而言,政府公信力的收益在于公共政策制定与施行的合法性,以及政府的权威程度等。对于公众来说,高水平的政府公信力有助于降低公众经济行为的交易成本。而对于企业而言,与政府公信力发生联系的收益在于能够促进企业发展。在以GDP为主要指标的政绩考核体系下,实际上促使了企业收益与地方政府的短期收益达成了一致。加之政府公信力维护的责任并不明晰,因而政府权威和合法性的维护这一长期收益被忽视。在这样的状态下,政府、企业、公众之间构建的是一种扭曲的关系模式,地方政府也更容易采取对于公信力维护而言是高风险的行为。政府的公信力由于这些高风险的行为而不断被消解。

**2. 政府公信力反向消解的扩散化流失**

2015年7月起,陆续在各地发生了围绕泛亚的群体性事件,最开始主要是在云南省内的群体性事件,进而扩展为全国各地的群体性事件,最后抗议的主要地点是在北京。群体性事件集中范围的转移原因有二:一方面是舆论的变化。随着事件的发展,不断有网友翻出泛亚成立过程中政府的参与以及之前整顿过程中政府的表态,舆论不断酝酿和发酵,投资者关注的焦点从只关注个体利益受损扩展为既关注个体利益也关注各个层级政府部门和事业单位(如中央电视台)的失职。另一方面是较低层级的抗议未能达到期望效果,相关政府部门未能给出满意的回应,投资者希望借助逐步上升的群体性事件影响范围,以达到引起更高层次政府部门重视的目的。因此,最后群体性事件集中发生在首都,针对的机构是证监会、国家信访局、中央电视台等。即在群体事件的发展过程中,考验政府公信力的范围出现了如图2所示的由Ⅰ向Ⅱ,再向Ⅲ,逐步扩展的情况。而在各自影响层级中,如果合法的维权路径失效,甚至借助群体事件的方式矛盾冲突也未能得到有效解决时,该层级的政府公信力必然会受到负面影响。因此,在群体性事件矛盾一直未能得到有效解决的情况下,政府公信力的流失是一种逐渐扩散化的流失。另外,这一变化过程也可以从群体性事件中抗议的标语、口号等变化中得到反映。在最开始出现的云南的群体性事件中,标语中有"信政府挽危局,施援手救百姓"等,但在之后上海静安寺群体性事件中标语中则出现"求菩萨为民做主",且高举国家领导人的头像。同时在网络论坛中,呼吁抗议的宣传口号也开始直指地方政府,出现"云昆政府,还我血汗钱"等口号。这些口号反映了随着事件发展,舆论正在逐步发生变化,公众对于各级政府的信任态度发生了很大转变。

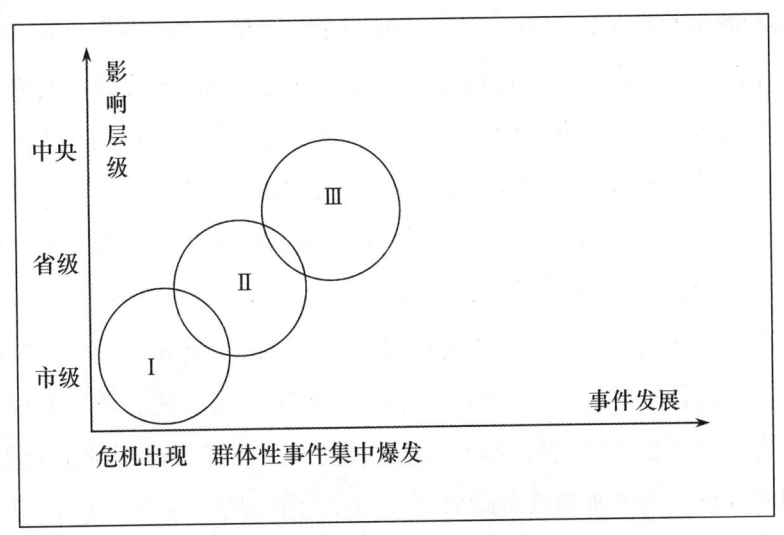

图 2 政府公信力流失扩散图

在政府公信力的研究中,有学者指出民众对于政府的评价或信任会因政府与民众之间的距离而存在"政治信任层级差"的现象。公众对地方政府与中央政府的态度出现两极分化的情况——很多公众认为地方政府是"恶"的,中央政府是"善"的,即亲近高层仇视基层。[①] 产生这种现象的原因从这种反向消解的发生过程中也可以找出一些渊源。一方面,在本文所提到的基于公信力的关系模式中,地方政府是与企业联系最为紧密的,主要涉及的是地方政府的公信力,因此企业危机出现时受到影响最严重的是地方政府的公信力。另一方面,在这种扩散化的公信

---

① 张晓军、刘太刚、吴峥嵘:《政府信任的距离悖论:中美两国为何反向而行?——基于"承诺—兑现"的信任生成机制的分析》,载《天津行政学院学报》,2016 年第 1 期。

力反向消解的过程中，大多数群体性事件在上升到影响中央层面前就已经得到解决，而能有效解决公众矛盾的层级的公信力又有可能因此而得到一定程度上的提升。因此，在这样不断积累的过程中，地方政府公信力更易受到这类事件的负面影响。

## 四、结论

在互联网金融投资领域，即便是在当下政府公信力普遍弱化的背景下，政府依然被看作是相对可靠的权威来源，对于公众的决策有着重要影响。然而，在以地方GDP为主导的政绩目标下，地方政府有逢迎企业的动机，同时一些企业也希望与地方政府发生千丝万缕的联系来促进自身的发展。由此出现的地方政府与企业之间过度依赖、地方政府为一些企业站台的行为，严重影响了政府与市场的关系。政府公信力在这样一种关系模式下被捆绑于企业公信力之中。虽然，在一定程度上能够促进当地企业的发展，提升当地经济，可是一旦企业出现风险，地方政府公信力也极易由于这种混沌的公信力关系而受到牵连。原本看似正向促进企业发展的关系模式，最终演变成反向消解地方政府的公信力。并且，由于互联网金融投资领域涉及人群的广泛性，这种政府公信力反向消解的影响范围也可能随着合法维权途径的失效而不断扩大，导致更高层次的政府公信力受到影响，呈现出一种扩散化的趋势。基于本案例的分析，为了避免这种政府公信力反向消解情况的发生，可以从以下几方面着手：

首先，需要明晰地方政府政企互动层次。良性的政企互动有利于地方政府与地方企业之间相互配合，促进市场发展，提振地方经济。但混沌不清的政企互动却会导致地方政府一味逢迎企业，过分干预市场的行为，给政府公信力的消解埋下隐患。因而，在政策及法律层面，应当规范地方政府的政企互动层次，制止盲目为一些企业站台、"代言"的行为。

其次，完善地方政府绩效评估考核体系，构建公信力评价指标。作为与普通大众联系最为紧密的行政组织，地方政府的公信力建设与整个政府公信力建设息息相关。由于缺乏对地方政府公信力建设的考量，地方政府公信力被肆意滥用，沦为一些企业追逐利益的工具。所以，有必要加强对地方政府公信力建设的考量，明确地方政府维护政府公信力的责任。

最后,健全政府危机管理能力。互联网金融投资领域处于快速发展时期,影响范围和程度不断扩大,同时也催生出一些高风险的企业,作为普通公众对此缺乏有效判断。因而,政府部门有责任对这些风险较高的领域进行监管,建立风险监测体系,规范该领域的健康发展,以避免具有特大影响的危机事件的发生。

总之,地方政府需要跳出这样一种围绕公信力构建的政府、企业、公众的关系模式,厘清三者关系,避免政府公信力的反向消解。在群体性事件频发的背景下,政府有责任通过立法、行政等方式规范地方政府行为,扭转这种不良的地方政商关系,以此维护公众利益,减少此类维权类群体性事件发生的可能。

# 危机沟通中的网络舆情应对

## ——以"问题疫苗"为例

汪 璐*

**摘 要**：互联网媒介在风险传播过程中可以有效地调节舆论，推动问题的解决，也可能会放大风险，影响公众对事件的认知，造成恐慌。本文通过问题疫苗的案例，分析了互联网媒介在风险传播过程中如何引发危机，以及政府、社会、公民该如何应对瞬息万变的舆论环境。

**关键词**：舆情；风险；社会；政府

## 一、研究背景与问题提出

通过有关权威部门的统计数据发现，近年来由于医疗卫生引发的社会问题事件大约以年均12%的速度递增，并且成为公众舆论的焦点。之所以选择"问题疫苗"作为本文的分析对象，一方面是因为医疗卫生问题在近年来始终是舆论关注的热点话题；另一方面这个话题与每一个人的利益相关，一旦出现问题会对每一个人的生活造成影响，甚至给大众带来恐慌，不利于社会的稳定。

具体到"问题疫苗"本身，是因为疫苗事件每隔一段时间就会热一次，并且都会造成比较大的影响，极大威胁了社会的和谐与稳定，给政府提出了新的要求以及挑战。我们可以回顾一下近几年的事件：2005年震惊全国的安徽疫苗事件；2010

---

\* 汪璐：女，汉族，华东政法大学政治学与公共管理学院研究生，公共安全管理专业，主要研究方向：公共安全研究。

年的山西疫苗事件；2015年河南周口沈丘疫苗事件。虽然每一个事件的发生有些不一样，但是危机发生背后的动因值得我们反思。疫苗问题的出现主要是二类疫苗在流通环节出问题，尤其是在流通环节的监管板块出问题，这无疑暴露出我国卫生医疗监管制度存在漏洞，政府对医疗主体监管的缺位。民众因此对政府部门的不信任，是危机爆发的根本原因。

"问题疫苗"与风险放大密切相关。当"问题疫苗"一经报道出来，负面信息被夸大传播，海量的媒体信息影响了公众对于事件本身的认知，再加上微信朋友圈转发量过亿，政府没能及时给大众一个合理、恰当的解释，这样一来为风险的放大提供了契机，引发事件规模不断扩大升级。卡斯帕森等人从心理学、社会学的角度提出了"风险的社会放大理论"，这为研究"问题疫苗"带来大众恐慌提供了理论依据。作者提出了一些小的风险事件是如何引发联动效应的，在这个理论的基础上，结合网络舆情的传播特征，为解释"问题疫苗"案例在互联网媒介风险传播过程中如何引发危机，以及政府、社会、公民该如何应对瞬息万变的舆论环境提供了很好的理论依据。

在社会转型和政府信任危机并轨的社会环境中，这类风险如何在互动的过程中从个体放大到社会，从政治领域放大到公共安全领域？为此，有必要化解政府信任危机和减少风险在网络传播中给大众带来的恐慌，探讨这类风险如何在互动中实现风险放大的独特路径与机理，为研究转型社会医疗卫生的社会治理策略提供理论依据。

问题疫苗还和政府信任相关。卢曼（Luh-mann）的《信任与权力》（*Trust and Power*）一书就展现了政府信任的重要性，他认为信任是任何一切生活的基础，社会生活中没有了信任一切活动就会终止。这就表明，在社会生活中信任是很重要的，没有信任，社会就无法在充满不确定性与风险的环境中进行任何行动。从"问题疫苗"事件中，我们可以看出，即使政府后来多次证明疫苗没有问题，大家可以放心使用，但是公众依旧不相信，这就是长期的不信任造成的结果。因此，必须探究政府公信力下降和寻找消减的办法。

总之，本文将以风险社会理论为理论支撑，分析"问题疫苗"在风险传播中如何引发危机，而互联网媒介又是如何引导舆论的动态过程。

## 二、文献综述

风险沟通是公共危机的一个重要内容,理论界对不断涌现的社会危机现象进行了一系列的研究,这些研究多聚焦于从政治学、心理学、社会学的视角来探索危机的前因后果、探究危机背后的机制,分析大众传媒舆论引导功能,理解面对风险大众的心理变化,化解危机舆情。

西方学者从社会风险传播的角度来研究一些具体的网络舆情事件,认为风险源或者风险事件的存在,推动了事件的放大,这个风险事件可能是真实的事故或者事件,也可能是不真实的事故或者事件,甚至是一些已有的风险事件。那为什么一些相对微小风险或风险事件经常能够引发出强烈的公众关注,并最终引发社会问题?罗杰·E. 卡斯帕森(Roger E.Kasperson)提出了风险的社会放大框架,来分析一个小小的事件怎么通过不断加工变成一个大的事件,引发社会问题,最终影响社会政策。斯蒂芬·芬克(Steven Fink 1986)提出危机传播的"阶段分析理论",指出四阶段生命周期分别是:危机潜伏期、危机爆发期、危机持续期、危机痊愈期。后文会借此对"问题疫苗"事件进行阶段性分析。

20世纪80年代以来,风险遍布在工业、食品、医疗、政治等各个领域,并以一触即发的危机态势呈现在我们面前。如何应对这些危机问题,成为学术界的主流话题,风险沟通便是学者研究的热点。斯洛维克(Slovic)以心理学的视角分析解释了风险认识的特点;道格拉斯(Douglas)和维尔代夫斯基(Wildavsky)从人的思维观念层面提出了风险文化理论;克威罗(Covello)提出了风险沟通的重要性,并认为互动、平等、开放是风险沟通的准则;索比(Soby)在风险沟通的基础上建立了风险管理周期概念,提出并解释了风险利益相关者主动参与风险管理的行为动因。2005年,WHO制定了《公共卫生突发事件中的有效媒体沟通》手册,并制定了危险沟通的步骤,为政府处理风险提供了不错的参考。风险沟通理论最早在美国提出,并建立了研究基地,其目的在于减弱和控制风险带来的危险,使其降到最低限度。多米尼克·戈尔丁(Dominique Golding)对美国风险研究旗舰型刊物《风险分析》(Risk Analysis)的量化分析表明:以1986年为界,"风险沟通"开始成为研究中引人注目的焦点。

迄今为止,学术界对风险研究主要集中在三大领域,即:心理学领域、社会学领域、文化学领域。心理学领域的风险沟通研究主要分析在风险出现时,大众和专家对风险信息的接收与心理的演变过程,从而造成风险认知差距,并从心理的演变过程为风险沟通提出建议,使得缩小风险认知偏差;社会学领域的风险沟通研究聚焦风险在社会传播中的过程,以及信息发展进程,对政府宏观管理体制的反思与重建;文化学领域的风险沟通研究主要分析不同的文化对风险信息的传播过程,文化本身具有特殊性,所以应对不同的文化风险的沟通也要有所区别。

危机事件引发不良后果,很多情况下必须依靠合理的沟通协调才能妥善解决。假设政府部门在危机爆发的情形下,对民众的问责没有回应、缺乏沟通,很容易与公众之间产生紧张的对立关系,所以必要的信息沟通对于恰当解决危机而言是极其重要的。总而言之,在危机频发和信息化高度发达的双重挑战下,危机事件的发生,已经显现出政府部门信息利用与供应能力相对于公众需求不足,政府要通过各种渠道及时取得信息上的主导声音,并在与民众充分交流、与媒体无障碍沟通的基础上更好地利用信息公开妥善解决危机。

## 三、"问题疫苗"的风险传播:山东疫苗案为例

2016年3月21日,一篇名为《疫苗之殇》的文章被疯狂转发,说的是山东的疫苗在冷藏环节出现了问题。并且在文章中附上了各种疫苗引起的惨剧,介绍了山东民众中出现的一些患儿突发疾病致死案例,患儿家属将这些大多想不明的死亡案例推到了疫苗上,最终引发了空前的"疫苗色变"恐慌。"山东疫苗案"被曝光后,自媒体、网络、明星都纷纷发声,一时间关于事件的真相众说纷纭,政府给出的解释在民众的疑惑中显得苍白无力。新华网网络舆情监测系统显示,在3月22日当天,新闻更新量已经超过7900条,总信息更新量已经超过12000余条。[①] 手机客户端的信息更新量比重已经超过了论坛和贴吧,微博话题#问题疫苗#的阅读量和讨论量破新高,成为网民关注此案的重要媒介平台之一。就此,在短时间内,由普通网民、网络大V以及媒体多元舆论主体同步扩散的模式,使得舆论迅速升温,并持续高涨,形成了复杂的舆论态势。根据舆情演变的过程,按照舆论强度的变化可将事件划分为三个阶段:

---

① 李向帅:《山东疫苗案:有效处置才能中"情绪式认知"的偏激》,http://news.xinhuanet.com/yuqing/2016-03/23/c_128826440.htm(访问时间:2015年5月16日)。

第一个阶段为风险潜伏期。任何一场风险的发生都是从量变到质变的过程，在量变阶段，此问题并没有太多人关注，也不存在舆论的压力。即使政府没有公开这潜在的风险，但它已经存在。近些年来，在政治、经济、医疗药品等领域都存在类似潜在风险。"问题疫苗"的爆发，无疑动摇了大众对食药安全监管机制的信任，引发了人们对中国药品安全和可靠性的怀疑。因此，食药安全管理的制定对风险的发生有着至关重要的作用，如果方案存在漏洞，这就给不法分子有机可乘，为安全埋下了风险。在此疫苗事件中被查出未按规定温度范围或过期疫苗的注射会患病。

第二个阶段为风险爆发期，也可说是公共危机阶段。在这期间，风险信息大面积传播，各种媒体公开报道，迅速得到大众的关注。并且，报道的问题和人们的生活紧密相关，使得信息很快得到聚集，形成舆论的焦点。依据风险理论分析，风险是在危机和稳定的中间，一旦爆发出来，就成了现实的危机。2005年震惊全国的安徽疫苗事件，2010年的山西疫苗事件，2015年河南周口沈丘疫苗事件，每隔一段时间都会热一次，问题均在媒体曝光前始终未能引起相关方面的重视，使得风险最终以公共危机的形式爆发出来。

第三个阶段为危机过后信任重构期，也就是从舆论的聚焦到舆论的分散状态，公民从焦虑、不安到信任、稳定的状态。在整个危机事件中，政府部门的善后工作是不可或缺的内容，对所存在的制度性问题进行治理的行动，是构建权威和公信力的关键环节。随着危机的化解，人们的舆论分散开来，但是对"问题疫苗"的不信任依旧存在。紧接着，李克强总理对该事件做出重要批示，宣称会彻查"问题疫苗"，并且卫生部已介入调查疫苗事件。因此舆论亦渐趋平息，但要重建公众对我国食药安全的信任仍有赖于企的自觉和政府监管的到位。

## 四、舆情沟通对风险管理的挑战

"问题疫苗"事件不仅暴露出监管体质的缺陷、政府的信任危机，它也反映了危机发生时大众认知的偏差，阻碍了本该采取的对问题内核追问的步伐，从而逐渐演变成对正规的安全疫苗都持有怀疑态度的大范围恐慌。

(一) 风险放大对社会带来的恐慌

与舆情沟通密切相关的是风险社会放大理论。社会与个体因素相互作用以放大或弱化对风险的认知，并由此制造诸如技术污名化、经济损失或管制性影响之类的次级效应。造成危机的进一步扩大。

澎湃新闻对"问题疫苗"进行了首次报道，揭开了揭露此次事件的序幕。此文章在之后两日内经过腾讯新闻、凤凰网、中华网、新浪新闻、中国日报网、北京晨报、京华网等一批具有相当公信力的主流媒体的一轮转发后，基本确定了"问题疫苗"在舆论场中的存在。

在首轮报道中，几乎所有转载此篇报道的媒体都将"杀人"二字囊括进新闻标题，而将原标题中具有些许"安抚"功能的"山东发协查函"省去，形成"不同的媒体、同一个标题的"壮观"景象——《上亿元疫苗未冷藏流入18省份 专家：这是在杀人》成了各家新闻网站的头条。这一举动，直接构成了"疫苗杀人"议题，给"恐惧诉求"的介入开了口子。所谓"恐惧诉求"，是一种传播策略，其试图通过唤起受众的恐惧感，来改变其态度或者行为，其核心是通过一种"威胁—受众—恐惧"机制来完成触发的。更值得注意的是，在网络舆情的传播过程中，从词频和共词来看，政府部门表态的各类活动词成为中心词，比如要求、督促、查处、发现等，唯独缺失了"结果"。换言之，监管部门尽管想澄清"杀人疫苗"的认识误区，却没有表达出有利于传播的关键概念。况且，"监管部门"没有成为中心词，这说明有关部门也没能尽可能减少风险的放大。

澎湃新闻等主流媒体必是抱着向"世人预警"的良好的初衷才选择将事件公之于世的，而这件事却通过传播"制度失效"的威胁，来履行媒体的"制度完善"和"公共监管"职能。其标题则指引受众通过"杀人"二字感知风险，如此便放大了"问题疫苗"对个体生命的威胁，扭曲了威胁产生的主体，继而触碰了公众对"生命威胁"的本能恐惧，无意中触发了"恐惧诉求"传播机制的开关。正如威廉·麦孤独在《社会心理学导论》里有一段表述：恐惧的特点就是一旦被引发，就会比另外任何本能更容易使其他心理活动立刻停止，而不及余其。之后大家对于"生命威胁"议题的疯狂关注便一发不可收了。[①] 于是，接种疫苗就成为了一种看

---

① [英] 威廉·麦孤独：《社会心理学导论》，俞国良、雷雳、张登印译，北京大学出版社2010年版。

似足以致使高风险的行为,再加上官媒对于公众在公共卫生事件中对"生命威胁"相关议题渴求度的判断失误,以及对相关议题之报道的不充分,导致其议题设置一错再错,有关部门失去了利用"恐惧诉求"正面引导舆论的最佳时机,而将通过提供"保护性措施"来消除公众恐慌的整条路径拱手让给微信公众平台及其他网络;各微信公众号则直接诉诸"恐惧诉求"策略,直面公众"恐慌",以"情绪""本能"为触发点,在逻辑缺失、论据缺失的情况下,以"外围路径"成功包抄"中心路径",取得了较好的传播效果。

### (二)认知偏差对个性风险信息的构建

所谓认知,是指人类在认识外界事物的过程中产生的关于该事物意义、价值的理解与判断。一般而言,人类对信息的认知分为两大类:第一是社会信息,第二是自然信息。人们接收的社会信息所形成的观点,我们称之为社会认知;人们接收各种自然信息所形成的看法,我们叫自然认知。人们在社会认知的过程中,会依照自己的经验而进行。其中,参与者在社会认知的过程中已经有了社会认知偏见,对一些消极信息的偏见较为突出。因此,参与者在认知网络舆情事件中有关信息时会发生认知偏差。在危机事件中,各种虚假、夸张、恶意的信息充斥着日常生活,导致大众陷入恐慌、不安,从而产生认知偏差。在"问题疫苗"事件中,公众认为大量的疫苗是有问题的,而专家认为未经冷藏的疫苗或许没有问题。人们"宁愿相信最坏的结果,而不去考虑最有可能的情况"。专家列出的优先事项名单与普通大众关切的中间值之间并不一致。显然,公众对风险的认知容易放大,把事情想到最坏,即便公布了真实的好的信息也难以接受,因为这跟自己的切身利益相关,为了避免潜伏的风险再次发生,强调对自身和家人的安全保护是非常必要的。对危机信息的通报内容、观点和态度,极大影响着人们心理变化和思维判断。由此,把握公众在危机中的信息需求心理,不断调动公众的注意力,构建公众关心和讨论的中心话题,引导公众的认知和行为力量显得十分重要。

如今,人类行为越来越多地被自身思维的文字内容支配,直接经验扮演的角色就越来越小,此时人的行为是僵化的,认知融合便出现了。人们把推演出的各种不良后果的文字描述(致残,感染等描述)当作真的发生在自己身上一样做出反应,由此产生的认知融合则要为人们的恐惧情绪负很大一部分责任。此外,个体的风险信息构建易受到特定利益群体意见的影响,特别是利益相关者谣言的影响。例如,有些网名在网上宣称打了"问题疫苗"后,有大批的孩子死亡。这样,很容易造成危机放大,引发社会恐慌。

### (三) 政府的信任危机

风险与信任始终是相互影响的对应关系。风险是信任的前因,因为社会发展的不确定性、不可预测性和不可控制性,人们需要与外界进行合作而信任对方,信任本身就是知道有风险的前提下对另一方行为的积极结果的期盼,如果没有风险,对外界非常确定,则无需信任。风险同时又是信任的结果。信任作为政府的软实力,需要经受住一次次的事件拷问后真正树立起来。随着公民社会逐步形成和批判型公民意识的养成,政府信任发挥着越来越重要的作用,公众对政府的不信任、质疑必将会暴露出政府的弊端推动社会的发展。政府要树立良好的信任形象,不仅要与民众很好沟通,最重要的是加强制度建设,调整心态,勇迎接政府信任危机带来的各种挑战和困难。在"问题疫苗"事件中,政府与媒体没能很好做到一个良性的互动。

## 五、完善网络舆情应对的反思

任何一场危机都经历了群体的动员,从风险的生成到危机的演变过程。在多元价值观和舆论主流激烈碰撞的舆论场中,舆论这把"双刃剑"真正发挥积极作用还需要网民更多的理性。疫苗安全事件暴露出监管方面存在诸多漏洞,"法律空转、监管失灵、人心溃败",这让公众对监管产生质疑。要加强完善网络舆情应对机制,更好地应对社会风险。

### (一) 创新突发事件舆论引导机制

在信息爆炸的时代,网络信息的碎片化更体现出主流媒体的重要性,对于引导公众的认知起着重要的作用,这就要求我们做好媒体的沟通作用。网络舆论具有不可控性、复杂性和多样性,所以要做好网络媒体的监管工作,掌握最新动态,加强主流媒体和舆情监管机构的交流与合作。在危机关头,媒体应该发出有利于政府的言论，使其转被动为主动，坚持线上线下的联动原则，积极引导消除群众的不满情绪，提高政府应对危机的能力，从而提升政府的公信力。

政府与新闻媒体有效的沟通，并不是指运用政府的权利控制媒体，封锁消息，而是充分尊重消息的独立性。主流媒体要与政府官方消息一致，树立权威，最大限度的减少虚假信息。政府公布的官方消息不要滞后于网络信息，如果政府不及时公布信息的话，就会导致公众对政府信息度降低。数字技术下应对突发事件应该是化被动为主动，越是主动越是占有话语权，就可以抢先进行媒体议程设置。另外，公民需要有一个言论自由的平台，对于一些现实的社会问题，公众拥有表达的权利，而不是一味的控制和封锁；舆情危机爆发时，政府应该主动承担责任，解决公众的疑难问题，给出一个真实的答案，不是一味的回避和逃脱；在处理舆情危机的时候，讲究循序渐进，制定阶段性策略。只有这样才能更好地引导舆论压力，缓解舆情危机。

### （二）增强公众对政府的信任

"三鹿奶粉""山西地震谣言""山东问题疫苗"等事件，暴露出政府公信力丧失的问题。在危机事件中，政府可以通过自己恰当的行为举止，迅速获得空前良好的形象，赢得前所未有的正面评价；也有可能由于危机中表现的恶劣，导致公信力形象一落千丈。危机事件之所以能够在深层次上动摇政府形象，是由民众和危机事件本身的性质以及我国政府部门公信力的缺乏所决定的。因此，对各种社会危机进行相应预防是必不可少的。

在危机发生的前期做好监控和预防工作。危机管理的首要环节就是检测和预防，这也是最持久最困难的工作。不可否认的是，危机的发生具有复杂性、多样性、偶然性的特点，这就要求政府部门对风险信息进行严格监控和及时掌握，并根据各方面信息进行分析、判断，对于可能造成危害的，提前采取措施，把风险的危害降到最低限度。对于社会对抗性危机事件，危机管理的预警系统要相应具有信息沟通的功能。

危机发生的时候，政府应始终坚持责任承担原则、迅速透明沟通原则、权威发言原则，在处理危机事件中果断、及时决策，利用各种资源，团结各个部门，解决危机，恢复社会的稳定，只有这样才能维护政府的良好形象。

危机发生之后，政府应该做好善后工作。对各部门进行总结评价必不可少，包括对预警、制定、决策各方面的评估。因此，在政府信任危机之后，评估和恢复阶段也要注意政府理赔问题。面对危机事件给公民造成的损失，政府理赔应考虑理赔的范围、理赔的标准和理赔的对象问题，善后处理必须力争高效、公正、公平，以保持政府的公信力。

### （三）完善突发卫生事件处置的相关制度

首先，明晰政府相关部门的责任与义务。公共危机的爆发都与政府有关部门的"行政不作为"有关，在2010年山西"问题疫苗"的时候，当地政府及相关部门没有及时做出反应，不仅反映了地方政府在市场监管上的体质弊端，更集中暴露了我国医疗卫生安全监管体制在转型期的种种制度缺陷。

其次，必须完善网络舆情监管的相关法律制度。"问题疫苗"事件的爆发，引起了民众的恐慌，政府相关部门未能及时向公众公布疫苗的相关情况，公众对疫苗的情况不了解，网络上的相关评论也比较混乱。这次公共卫生医疗突发事件给我国政府带来了极大的挑战，也同时带来了继续推动政府管理体制改革的新的契机。"问题疫苗"事件带给我们的警示不仅仅是政府信任危机，更重要的是监管体制的漏洞。虽然在此次事件中，政府的反应得到了民众的认可，但是应当从这种偶然性事件的应对过程中看到相关法律制度本身的不足。

最后，重视信息公开的相关制度建设。虽然我国越来越重视行政信息公开制度的建设，但由于缺乏具体的法律支持以及相关配套制度的协助，行政信息公开的随意性较强。危机的发生本身就有特殊性，危机发生的时候更需要一些相关法律来规范政府官员的行为，这对我国的法制建设来说是一个巨大的挑战。

**参考文献**

[1] 陈力丹：《舆论学——舆论导向研究》，中国广播电视出版社2005年版。

[2] [美] 罗伯特·希斯：《危机管理》，王成、宋炳辉、金瑛等译，中信出版社2004年版。

[3] [美] 威廉·麦孤独：《社会心理学导论》，俞国良、张登、雷雳译，北京大学出版社2010年版。

[4] [德] 乌尔里希·贝克：《世界风险社会》，吴英姿、孙淑敏译，南京大学出版社2004年版。

[5] [英] 谢尔顿·克里斯基：《风险的社会理论学说》，徐元玲、徐玲等译，北京出版社 2005 年版。

[6] 艾新革：《国内外舆情研究述略》，载《图书馆学刊》，2011 年第 9 期。

[7] 蔡中华、董德兵：《我国各级政府有效应对网络舆情的多维度思考》，载《长春市委党校学》，2010 年第 10 期。

[8] 方付建：《突发事件网络舆情演变研究》，华中科技大学公管学院毕业论文，2011 年。

[9] 葛鲁嘉：《当代认知心理学的两个理论基点》，载《吉林师范大学学报（人文社会科学版）》，2004 年第 6 期。

[10] 龚上华：《互联网时代的政府信任危机与执政能力建设》，载《北华大学学报（社会科学版）》，2011 年第 10 期。

[11] 林敏：《网络舆情影响因素及其作用机制研究》，浙江大学政治研究中心工作论文，2013 年。

[12] 马鑫、黄全义：《物联网在公共安全领域中的应用研究》，载《中国安全科学学报》，2010 年第 7 期。

[13] 梅松：《政府网络舆情治理中的主要问题及对策思考》，载《电子政务》，2011 年第 6 期。

[14] 彭知辉：《政府视域网络舆情研究现状及反思》，载《情报杂志》，2014 年第 9 期。

[15] 王国华、冯伟、王雅蕾：《基于网络舆情分类的舆情应对研究》，载《情报杂志》，2013 年第 5 期。

[16] 王来华：《舆情研究概论》，天津社会科学院出版社 2003 年版。

[17] 王林松、王庆功、张宗亮：《社会认知偏差：群体性事件生成的社会心理启动根源》，载《山东大学学报》，2012 年第 4 期。

[18] 吴春阳：《高校群体性突发事件：新媒体视角下的网络舆情应对策略研究》，载《河南工业大学学报（社会科学版）》，2015 年第 4 期。

[19] 夏火松、彭柳艳、余梦麟：《自动情感文本分类研究综述》，载《情报学报》，2011 年第 5 期。

[20] 夏火松、甄化春：《大数据环境下舆情分析与决策支持研究文献综述》，载《情报杂志》，2015 年第 2 期。

[21] 杨少同：《从传播模式看我国政务微博的特征与发展》，载《新闻与传

播》，2012年第4期。

［22］尹瑛、彭艳：《从"毒奶粉事件"看风险传播中媒体的舆论引导功能》，载《淮海工学院学报（社会科学版）》，2010年第10期。

［23］张春华：《网络舆情社会学的阐释》，社会科学文献出版社2012年版。

［24］张莹：《网络论坛舆论传播现象研究》，吉林大学公管学院毕业论文，2011年。

［25］曾长秋、吴仁喜、代海云：《近五年国内学者网络舆情研究述评》，载《思想政治教育研究》，2011年第4期。

［26］宗立勇、顾宝炎等：《基于注意力资源分配机制的网络危机舆情演变研究》，载《情报理论与实践》，2010年第10期。

# 研究报告

# 专业领域差异性、沟通行为对应急合作关系的影响机制研究*

## ——基于任务不确定性的调节作用

吴建华 吴国斌**

**摘 要**：本文研究专业领域差异性对应急组织间合作关系的影响，采用层级回归研究方法。结果表明，专业领域差异性显著负向影响合作关系；专业领域差异性显著负向影响沟通质量、信息分享、沟通参与；沟通行为在专业领域差异性与跨组织合作关系的关系中起完全中介作用；任务不确定性会显著降低组织间专业领域差异性与信息分享、参与之间的负向影响，但任务不确定性对组织间专业领域差异性与沟通质量之间的调节作用不显著。

**关键词**：专业领域差异性；沟通质量；信息共享；沟通参与；合作关系

## 一、引言

不确定和复杂灾害的发生时，需要不同专业领域组织多元参与救援，如消防、公安、医疗、慈善机构、志愿者组织等。组织间应急合作关系的好坏直接影响应急

---

\* 基金项目：教育部人文社会科学基金：非常规突发事件中临时团队结构特征对应急绩效的影响机制研究，项目编号：14YJA630068；国家自然科学基金：组织间比较特征对跨组织应急合作关系的影响机制研究，项目编号：71273203；教育部人文社会科学基金：组织间应急合作关系影响机制研究——基于新组织参与的视角，项目编号：12YJC630231。

\*\* 吴建华，经济学博士、副教授、硕士生导师。主要研究领域：灾害组织行为、人力资源管理；吴国斌，管理学博士、教授、硕士生导师。主要研究领域：灾害与应急管理。

响应的成败。① 因而，如何协调组织间的合作关系成为一个重大的挑战。

具有专业领域差异性的应急合作组织属于任务取向异质性团队，也就是团队成员在知识、技能和经验等方面特征具有差异性。信息与决策理论认为任务取向异质性能够提高团队内部任务相关信息的充分交流，包括参与讨论和分享与任务相关的观点，进而提高团队绩效。② 认知资源整合理论则认为不同的知识背景、培训和工作经验给团队带来了差异化的观点，对完成任务会产生不同意见，影响绩效。③ 可见，专业领域差异性对团队结果或绩效到底产生积极影响还是消极作用在理论界存在争议。那么，在应急响应过程中，时间压力、不确定性任务情境下，具有专业领域差异性的应急组织合作对团队结果（合作关系）会产生什么影响呢？通过文献梳理我们发现，涉及专业领域差异性对应急合作关系影响机制方面的研究较少，仅有的文献基本是归纳演绎研究，研究结论较为零散和碎片化，实证研究严重缺乏。因而，对专业领域差异性对应急响应合作关系的作用机理的实证研究有可能在理论上取得新的突破，对厘清争议问题产生积极作用。

跨专业领域组织合作过程中至关重要的是信息沟通，它将直接决定应急合作的速度与程度。④ 基于此，本文在McGrath⑤IPO团队活动过程模型基础上构建了理论框架，主要研究以下问题：首先，探讨应急合作组织专业领域差异性对合作关系的影响；其次，从沟通行为的视角，探讨沟通质量、信息分享、沟通参与在专业领域差异性与合作关系之间的中介作用；最后，我们将从应急情景角度分析任务不确定性在以上关系中的权变影响。

---

① D. Mendonça, T. Jefferson, J. Harrald, "Collaborative Adhocracies and Mix-and-match Technologies in Emergency Management", *Communications of the ACM*, Vol.50, No.3, 2007, pp.44-49.

② A.C.Homan, J.R.Hollenbeck, S.E.Humphrey, et al. "Facing Differences with an Open Mind: Openness to Experience, Salience of Intragroup Differences, and Performance of Diverse Work Groups", *Academy of Management Journal*, Vol.51, No.6, 2008, pp.1204-1222.

③ K.A.Jehn, C.Chadwick, S.M.B.Thatcher, "To Agree or Not to Agree: The Effects of Value Congruence, Individual Demographic Dissimilarity, and Conflict on Workgroup Outcomes", *International Journal of Conflict Management*, Vol.8, No.4, 1997, pp.287-305.

④ J.L.Garnett, A.Kouzmin, "Communicating Throughout Katrina: Competing and Complementary Conceptual Lenses on Crisis Communication", *Public Administration Review*, Vol.67, No.s1, 2007, pp.171-188.

⑤ J.E.McGrath, "Toward A Theory of Method for Research on Organizations", *New Perspectives in Organization Research*, 1964, pp.533-547.

## 二、研究理论与假设

### （一）专业领域差异性与应急合作关系的关系

专业领域可以看作是胜任能力和技能。[①] 本文专业领域差异性定义为：组织与合作组织在应急处置中技能方面的差异程度。

Osland[②] 提出可采用满意度来衡量合作关系，因而，我们用组织（领导人）心理得到满足作为应急合作关系的测量维度，并将应急合作关系定义为合作组织对合作关系的情感反应，是对合作方的应急互动过程是否令人愉悦的、满意的、不费力的感知和判断。

社会分类理论认为投入资源的异质性对团队结果会产生消极的影响[③]，异质性程度与团队成员的情感绩效负相关，即异质性程度越高则合作满意度、承诺水平、团队凝聚力越低。同时，专业领域差异使各主体对协同具有差异化的理解，容易造成主体在应急角色和责权方面发生冲突[④]，造成合作失效。因此，我们提出以下假设：

假设1：合作组织间专业领域差异性对应急合作关系有负向影响。

### （二）沟通行为的中介作用

组织间的沟通对于理解复杂、动态和演变的紧急事件和为决策提供信息非常重要。[⑤]

---

[①] Blackler F. Knowledge, "Knowledge Work and Organizations: An Overview and Interpretation", *Organization Studies*, Vol.16, No.6, 1995, pp.1021-1046. F.W.Nasuti, *Knowledge Acquisition Using Multiple Domain Experts in the Design and Development of An Expert System for Disaster Recovery Planning*, Nova Southeastern University, 2000.

[②] G.E.Osland, "Performance Issues in US-China Joint Ventures", *California Management Review*, Vol.38, No.2, 1996, pp.106-130.

[③] M.A. Hogg, J.C.Turner, "Intergroup Behaviour, Self-Stereotyping and the Salience of Social Categories", *British Journal of Social Psychology*, Vol.26, No.4, 1987, pp.325-340.

[④] E.L.Quarantelli, "Disaster Crisis Management: A Summary of Research Findings", *Journal of Management Studies*, Vol.25, No.4, 1988, pp.373-385.

[⑤] D.Paton, D.Johnston, "Disasters and Communities: Vulnerability, Resilience and Preparedness", *Disaster Prevention and Management*, Vol.10, No.4, 2001, pp.270-277. C.Smallman, D.Weir, "Communication and Cultural Distortion During Crises", *Disaster Prevention and Management*, Vol.8, No.1, 1999, pp.33-41.

借鉴 Jakki Mohr[①]的研究成果，本文将沟通行为分为三个维度：沟通质量、信息分享和沟通参与。沟通质量是指信息交换的及时性、准确性以及可靠性程度；信息分享是指愿意分享专有信息的程度；沟通参与是指参与到计划、决策制定的程度。

专业领域差异性会影响沟通质量、信息共享与沟通参与。这是因为：专业差异使应急合作组织的语言风格和术语不同，合作组织无法迅速理解和消化对方传递的大量信息，造成信息反馈不够及时、准确[②]；一些应急组织会依据自己专业视角判断信息的重要程度，有选择的与合作组织分享信息，甚至还有些应急组织限制成员对信息进行处理（例如，搜索、共享和利用），以确保他们不会分心[③]；参与计划和决策需要一定的跨专业知识。但复杂、密集、大量的跨专业信息容易造成个人信息认知超载（De Greef & Arciszewski 2007）[④]，考虑精力有限和大量备选方案要在有限时间决策，跨专业组织往往不会对不熟悉的计划和策略提出自己的观点。依据分析，我们提出以下假设：

假设 2a：合作组织间专业领域差异性对组织的沟通质量有负向影响。

假设 2b：合作组织间专业领域差异性对组织的信息分享有负向影响。

假设 2c：合作组织间专业领域差异性对组织的沟通参与有负向影响。

在突发事件多组织参与应急处置中，信息沟通是影响合作关系的重要因素。[⑤]这是因为：合作组织间存在专业语言障碍，使信息传递过程中信息失真和理解困难（Vangen & Huxham, 2003）[⑥]，增加了延迟沟通的可能性[⑦]，影响了合作关系；组织专业技能的差异形成了理解彼此操作实践的鸿沟，造成信息分享的困难，而在沟通

---

[①] Jakki Mohr, "Characteristics of Partnership Success: Partnership Attributes, Communication Behavior, and Conflict Resolution Techniques", *Strategic Management Journal*, Vol.15, 1994, pp.135-152.

[②] E.L.Quarantelli, "Disaster Crisis Management: A Summary of Research Findings", *Journal of Management Studies*, Vol.25, No.4, 1988, pp.373-385.

[③] L.W.Jeffres, "Communication, Social Class, and Culture", *Communication Research*, Vol.10, No.2, 1983, pp.219-246.

[④] *A closed-loop Adaptive System for Command and Control*, *Foundations of Augmented Cognition*, Springer Berlin Heidelberg, 2007, pp.276-285.

[⑤] L.K.Comfort, M.Dunn, D.Johnson, et al, "Coordination in Complex Systems: Increasing Efficiency in Disaster Mitigation and Response", *International Journal of Emergency Management*, Vol.2, No.1, 2004, pp.62-80.

[⑥] S.Vangen, C.Huxham, "Nurturing Collaborative Relations Building Trust in Interorganizational Collaboration", *The Journal of Applied Behavioral Science*, Vol.39, No.1, 2003, pp.5-31.

[⑦] G.N.Wright, L.D.Phillips, P.C.Whalley, et al, "Cultural Differences in Probabilistic Thinking", *Journal of Cross-Cultural Psychology*, Vol.9, No.3, 1978, pp.285-299.

中能不能与其他成员分享信息,是影响信任的重要因素,而信任影响合作关系;组织参与计划、决策的制定是对合作关系持续发展的一种承诺,而较高的承诺有助于形成稳定的合作关系,提高组织对合作关系的满意度①,否则情况相反。

结合以上假设1和假设2a、2b、2c所预测的关系,本文提出以下沟通行为中介效应假设:

假设3a:沟通质量在专业领域差异性与应急合作关系的关系中起着中介作用,即专业领域差异性将降低组织间沟通质量,继而降低合作关系。

假设3b:信息分享在专业领域差异性与应急合作关系的关系中起着中介作用,即专业领域差异性降低组织间信息分享,继而降低合作关系。

假设3c:沟通参与在专业领域差异性与应急合作关系的关系中起着中介作用,即专业领域差异性降低组织间沟通参与,继而降低合作关系。

### (三) 任务不确定性的调节作用

Gul & Chia② 认为任务不确定性指缺乏完成任务的相关信息以及对所采取行动的潜在后果无法预知的程度。Perrow③ 指出可以从任务可分析性和任务可变性两个维度来理解任务不确定性。任务可分析性是指搜寻解决问题方法的难度,任务可变性指任务中例外和问题的数量。当任务可分析性高、例外及问题出现较少时,这种任务不确定性就较低,相反不确定性较高。可以采用任务难度和意外情况出现的次数来测量任务不确定性。④

任务不确定性可以调解专业领域差异性和沟通行为之间的关系,这是因为:当任务不确定性很高时,合作组织间必须交换详细信息才能解决问题。⑤ 应急处置中

---

① E.L.Quarantelli, R.R.Dynes, "Response to Social Crisis and Disaster", *Annual Review of Sociology*, Vol.3, No.1, 1977, pp.23–49.

② F.A.Gul, Y.M.Chia, "The Effects of Management Accounting Systems, Perceived Environmental Uncertainty and Decentralization on Managerial Performance: A Test of Three-way Interaction", *Accounting, Organizations and Society*, Vol.19, No.4, 1994, pp.413–426.

③ C.Perrow, "A framework for the Comparative Analysis of Organizations", *American Sociological Review*, 1967, pp.194–208.

④ M.K.Hirst, "Reliance on Accounting Performance Measures, Task Uncertainty, and Dysfunctional Behavior: Some Extensions", *Journal of Accounting Research*, 1983, pp.596–605.

⑤ J.R.Galbraith, *Designing Complex Organizations*, Addison-Wesley Longman Publishing Co., Inc., 1973.

如果信息交流不准确、不及时，有可能增加次生灾害的发生，这使得合作组织会尽可能提高沟通质量来确保人身和财产安全；参与应急处置的组织经常遇到从未出现的突发情况，需要具备推理演绎下一步行动的标准化技能，而不是照搬现成的应急流程①，这使得具有专业差异的应急组织往往会有较强的信息分享意愿；在应急处置时需要依据预案对指挥、行动、物质调拨和人员调动进行规定，明确各主体的责任。如果组织不参与到应急决策中表达自己的意见，会导致本组织在应急过程中失去主动权。因而，会选择积极参与到计划、决策的制定中。

因此，任务不确定性对专业领域差异性与沟通行为之间的关系具有调节作用，本文提出如下假设：

假设4a：任务不确定性越高，专业领域差异性对沟通质量的负向影响越弱；任务不确定性越低，专业领域差异性对沟通质量的负向影响越强。

假设4b：任务不确定性越高，专业领域差异性对信息分享的负向影响越弱；任务不确定性越低，专业领域差异性对信息分享的负向影响越强。

假设4c：任务不确定性越高，专业领域差异性对沟通参与的负向影响越弱；任务不确定性越低，专业领域差异性对沟通参与的负向影响越强。

## 三、研究方法

### （一）变量测量

我们借鉴Lin、Germain②和瞿珊珊③的研究来测量应急合作关系，专业领域差异性的测量借鉴Willema和Buelensa④的相关研究，沟通行为的测量借鉴Jakki Mohr（1994）已经验证过的测量量表，任务不确定性借鉴Kim和Burton⑤的相关研究。

---

① 熊炎：《应急组织的历史语境，协调机制与结构设计》，载《天津行政学院学报》，2011年第5期。

② Xiaohua Lin and Richard Germain, "Sustaining Satisfactory Joint Venture Relationships: The Role of Conflict Resolution Strategy", *Journal of International Business Studies*, Vol.29, No.1, 1998, pp.179-196.

③ 瞿珊珊：《龙头企业与农户合作关系：治理、绩效与影响因素》，华中农业大学论文，2009年。

④ A.Willem, M.Buelens, "Knowledge Sharing in Inter-unit Cooperative Episodes: the Impact of Organizational Structure Dimensions", *International Journal of Information Management*, Vol.29, No.2, 2009, pp.151-160.

⑤ J.Kim, R.M.Burton, "The Effect of Task Uncertainty and Decentralization on Project Team Performance", *Computational & Mathematical Organization Theory*, Vol.8, No.4, 2002, pp.365-384.

共得出自变量 4 个测项、中介变量 16 个测项、因变量 5 个测项和调节变量各 5 个测项，共 30 个题项。以上量表均采用 7 点 Likert 量表形式，7 分表示完全同意，1 分表示完全不同意。

我们依据初次问卷进行了小样本前测，对象为湖北省高速公路路政总队和支队曾经参与应急救援的基层指挥者，采用深度访谈和填写问卷两种方式获取相关数据。共向 102 个基层指挥者或副指挥者发放了问卷，获得了 96 份问卷，有效问卷 91 份，回收率为 89%。对所收集的数据经过内部一致性检验得出量表的各个测项的 Cronbach's α 均在 0.7 以上，具有较高的可靠性。采用球形检验和 KMO 检验，通过方差极大旋转剔除了具有双重载荷和载荷低于 0.5 的 6 个测项，最终形成 24 个题项的调查问卷。

正式研究选取湖北和福建两省的高速公路路政中队、高速巡警中队、社会化养护组织、应急施救组织 308 名基层指挥者为调查对象，男性 299 人，占 97.08%，女性 9 人，占 2.92%；大专以下学历占 2.27%，大专占 57.47%，本科占 32.79%，硕士占 7.47%；28 岁以下占 11.69%，28—45 岁占 78.25%，45 岁以上占 10.06%；矿山救援占 20.45%，公路交通占 61.69%，消防占 14.29%，政府及其他部门占 3.57%；2 年以下基层领导工作经验占 5.19%，3—5 年占 60.71%，5 年以上占 34.09%；正职占 65.91%，副职占 34.09%。研究采用实地访谈与问卷调查相结合的方式，最终获得 283 份有效问卷。

## (二) 量表检验

为了避免同源偏差，我们采用 Harman 的单因子检测方法，即问卷所有测项一起做因子分析，在未旋转时得到的第一个主成分，占到的载荷量是 28.329%，未占到多数，同源偏差并不严重。

通过 SPSS19.0 统计软件对 283 份有效样本信度检验的结果显示，专业领域差异性量表信度系数 Cronbach's α 为 0.92；沟通质量量表信度系数 Cronbach's α 为 0.92；信息分享量表系数 Cronbach's α 为 0.90，沟通参与量表系数 Cronbach's α 为 0.94；应急合作关系测量量表信度系数 Cronbach's α 为 0.88；任务不确定性量表信度系数 Cronbach's α 为 0.92。检验值均大于 0.7，说明各测量量表有良好的信度。

量表效度检验我们采用探索性因子和验证性因子分析进行。运用 SPSS19.0 统计软件分析主成分,结果显示 KMO 值为 0.848,Bartlett 球形度检验在 P = 0.000 的水平上显著。KMO 大于 0.7 和 Bartlett 显著,表明量表适合进行主成分分析。然后采用最大方差法,对因子进行旋转,并去除小于 0.5 的选项抽取公共因子,结果抽取了 6 个公共因子,各包括 4 个测项,收敛的五个因子累积解释方差为 80.53%,形成了较为稳定的测试量表。验证性因子分析采用 Lisrel8.70 对 6 个变量组成的研究模型进行。整体验证性因子分析结果显示,6 类潜变量的标准化系数均大于 0.6,T 值均大于 3.28,各项拟合指标都超过了参考值,模型的拟合度是可以接受的,问卷的结构效度良好。具体结果见表 1。

表 1  验证性因子分析

| 变量 | 测项 | 标准化系数 | T 值 | 变量 | 测项 | 标准化系数 | T 值 |
| --- | --- | --- | --- | --- | --- | --- | --- |
| 专业领域差异性 | MB1 | 0.83 | 17.04 | 沟通参与 | GTCY1 | 0.96 | 21.67 |
| | MB2 | 0.80 | 15.99 | | GTCY2 | 0.83 | 17.01 |
| | MB3 | 0.97 | 21.90 | | GTCY3 | 0.96 | 21.55 |
| | MB4 | 0.85 | 17.43 | | GTCY4 | 0.81 | 16.56 |
| 沟通质量 | GTZL1 | 0.92 | 19.85 | 任务不确定性 | RW1 | 0.83 | 17.04 |
| | GTZL2 | 0.89 | 18.82 | | RW2 | 0.97 | 21.80 |
| | GTZL3 | 0.89 | 18.80 | | RW3 | 0.73 | 14.18 |
| | GTZL4 | 0.76 | 14.66 | | RW4 | 0.89 | 18.86 |
| 信息分享 | FX1 | 0.94 | 20.56 | 合作关系 | GX1 | 0.86 | 17.59 |
| | FX2 | 0.84 | 17.06 | | GX2 | 0.80 | 15.74 |
| | FX3 | 0.85 | 17.38 | | GX3 | 0.83 | 16.58 |
| | FX4 | 0.76 | 14.80 | | GX4 | 0.74 | 14.09 |

Chi-square = 486.5, df = 237, p-value = 0.00000, RMSEA = 0.061, NFI = 0.94, CFI = 0.97, IFI = 0.97, GFI = 0.87

(三)假设检验

我们采用层级回归方法对假设进行检验,分析结果见表 2 和表 3。

专业领域差异性对合作关系(表 2 中 M1,r = -0.198,p<0.01)有显著负向影响,假设 1 获得支持。在加入中介变量(沟通行为)后,专业领域差异性对合作关

系的影响系数变为不显著，且沟通行为（沟通质量、信息分享、沟通参与）对合作关系（表2中，M2：r=0.339，p<0.01；M3：r=0.224，p<0.01；M4：r=0.459，p<0.01）有显著正向影响，同时，表3中的M1（r=-0.25，p<0.01）、M4（r=-0.19，p<0.01）和M7（r=-0.21，p<0.01）结果表明，假设2a、假设2b、假设2c得到数据的支持。综合以上分析结果，我们可以得到结论：沟通行为（沟通质量、信息分享、沟通参与）在专业领域差异性与合作关系之间起着中介作用，假设3a、假设3b、假设3c得到了数据的支持。

任务不确定性的调节效应，从表3中的结果可以看到，任务不确定性对沟通质量的交互影响系数不显著（表3中M3，r=-0.04，p>0.05），这表明任务不确定性对专业领域差异性与沟通质量之间的调节作用不存在，假设4a没有得到支持；专业领域差异性与任务不确定性对沟通参与和信息分享会产生正向影响（表3中M6，r=0.12，p<0.05；表3中M9，r=0.11，p<0.05），这表明任务越不确定，专业领域差异性对信息参与和沟通分享的负向关系越弱，支持了假设4b、假设4c，因此，假设4获得部分支持。

表2 专业领域差异性与合作关系：沟通行为的中介作用

| | 因变量：合作关系 | | | |
| --- | --- | --- | --- | --- |
| | M1 | M2 | M3 | M4 |
| 自变量 | | | | |
| 专业领域差异性 | -0.198** | -0.119 | -0.152 | -0.114 |
| 中介变量 | | | | |
| 沟通质量 | | 0.339** | | |
| 信息分享 | | | 0.224** | |
| 沟通参与 | | | | 0.459** |
| R2 | 0.061 | 0.208 | 0.136 | 0.344 |
| △R2 | 0.058 | 0.202 | 0.129 | 0.339 |
| F | 18.393** | 36.674** | 21.964** | 73.423** |

注：N=283，** 表示 p<0.01，* 表示 p<0.05。

表3 专业领域差异性与任务不确定性对沟通行为的调节作用

| 中介变量 | 沟通质量 | | | 沟通参与 | | | 信息分享 | | |
| --- | --- | --- | --- | --- | --- | --- | --- | --- | --- |
| | M1 | M2 | M3 | M4 | M5 | M6 | M7 | M8 | M9 |
| 自变量 | | | | | | | | | |
| 专业领域差异性 | -.25** | -.25** | -.25** | -.19** | -.20** | -.21** | -.21** | -.21** | -.22** |
| 调节变量 | | | | | | | | | |
| 任务不确定性 | | .01 | .04 | | .01 | .02 | | .03 | .03 |
| 交互效应 | | | | | | | | | |
| 目标差异×任务不确定性 | | | -.04 | | | .12* | | | .11* |
| R2 | .06 | .06 | .07 | .04 | .04 | .06 | .04 | .04 | .06 |
| △R2 | .06 | .06 | .06 | .03 | .03 | .05 | .04 | .04 | .05 |
| F | 18.90** | 9.42** | 6.55** | 11.01** | 5.51** | 5.62** | 12.81** | 6.51** | 6.19** |

注：N=283，** 表示 $p<0.01$，* 表示 $p<0.05$。

## 四、讨论

本研究主要探讨组织间专业领域差异性、任务不确定性、沟通行为（沟通质量、信息分享、沟通参与）与应急合作关系之间的作用机制。本研究证实了大部分假设，但任务不确定性对组织间专业领域差异性与沟通质量之间的调节作用不显著，假设4a没有得到验证。我们认为可能是因为，在应急任务不确定程度较高的情况下，解决问题主要依靠那些非正式的、难以表达的技能、技巧、经验和诀窍等隐性知识，即使应急组织愿意与其他组织分享信息，但由于表达和理解的不同，信息准确及可靠程度会随着专业差异的变大而逐渐下降。

### （一）理论和实践意义

首先，信息与决策理论认为专业领域差异有益于团队结果，而认知资源整合理论的研究结论却正好相反。我们认为同一问题产生不同甚至相反研究结果的原因是不同任务情景差异造成的。专业领域差异性对应急组织合作关系影响这一研究证明了情景因素在问题研究中的重要作用，为这一争论问题的解决找到了论据。

其次，本文丰富了应急领域组织行为的研究，其中专业领域差异性对应急合作关系具有负向影响的研究，验证了 Wright、Quarantelli 等学者对于应急组织间的专业差异性会影响到合作关系的推测。

最后，基于投入—过程—结果模型理论和沟通理论我们发现专业领域差异性对应急合作关系的影响是通过沟通行为（质量、共享、参与）实现的，证实了 Comfort 等专家对于沟通是组织以及整个合作活动成功的重要因素的观点。同时，本研究认为任务不确定性可以使沟通行为更为积极，这一结论为任务不确定性在应急管理领域的后续研究提供了相关依据与一些有益的基础。

为了提升沟通质量，我们建议应急管理层应关注以下方面：（1）合作经历会增强主动合作、意见采纳以及信息分享行为的增加，提升双方交换信息的及时性和准确性。因而应增加应急合作经历来强化交往，如增加联合应急演练次数、积极参加应急相关会议、共同进行应急培训等。（2）加强参与应急合作的领导者的沟通意识，让领导者认识到合作双方的信息分享能够丰富本组织决策的信息基础，提高组织的决策能力，对于提高应急合作救援效率具有重要作用。使他们督促本组织提升信息传递的质量。（3）应急响应中高水平的集成和技术的使用可以提升信息质量，它可以用于确保组织在正确的时间收到必要的信息，避免将所有信息转发到灾害响应工作中的每个组织导致严重的信息过载。（4）培育组织规范、标准、鼓励分享与其他组织的专有信息将大大改善组织间的沟通质量。如政府可以通过实施法律规定促进组织间的信息交流。对拒绝与其他组织共享他们有关信息的实施惩罚，通过建立强有力的体制支持高水平的沟通质量。

## （二）局限性及研究展望

本研究存在一定的局限性，一是由于本研究的预测变量和结果变量的数据来源于同一份测量问卷，尽管样本的同源误差并不严重，但如何采用纵向数据尽量避免共同方法偏差引起的测量误差是我们后面要考虑的。二是本研究为了避免一次测量过多变量造成数据质量下降，没有将组织间合作情景的其他维度纳入模型中进行验证，因而模型还有进一步拓展的空间。

# "安慰剂效应"分析及其在突发事件参与主体情绪管理中的应用研究

姚海霞 陈 安[*]

**摘 要**：本文将医学领域的安慰剂及安慰剂效应拓展到突发事件应急管理中，突发事件中的安慰剂有其自身领域特性，是指不同相关团体或个人能够使突发事件参与主体产生正面情绪的行为、暗示等活动，安慰剂效应是突发事件中安慰剂的作用过程。文章根据来源主体及表现形式对安慰剂效应进行分类，并从宏微观层面对影响安慰剂效应的因素进行分析，提出安慰剂效应的预期和条件反射两大心理机制；结合突发事件参与主体的情绪特质，从兼顾突发事件参与主体人格特质、安慰剂叠加涉及、关键节点适度安慰剂注入三个方面提出增强安慰剂效应的措施，为安慰剂效应在突发事件参与主体情绪管理中的应用提供可操作性建议。

**关键字**：安慰剂效应；心理期望；条件反射；突发事件；情绪管理

## 一、引言

突发事件是指突然发生，可能会产生严重的社会危害，并且需要及时采取管理措施进行应对，主要包括公共卫生事件、灾难事故、自然灾害以及社会公共安全事

---

[*] 姚海霞，河南大学商学院硕士研究生，主要研究领域：风险管理、应急管理。陈安，管理学博士，中国科学院科技政策与管理科学研究所研究员、博士生导师，河南理工大学应急管理学院教授，主要研究领域：应急管理理论与方法。

件等。这类事件的影响主要集中于三个层次①,一是经济社会层次,突发事件危机或者可能危及生命安全,导致财力、物力的损耗。例如 2008 年 5 月 12 日的汶川地震,据统计造成 19509 人死亡,直接经济损失多达 5252 亿人民币,削弱四川的经济存量,严重打击经济发展的活力和可持续的动力。二是信息传播层次,这一层次的影响较为活跃,同时伴随较大的冲击力。2016 年山东疫苗事件,"疫苗之殇"图文信息借助网络、移动终端迅速传播,造成社会情绪的恐慌以及疫苗耦合事件的增加,阻碍应急工作的开展和效率。三是群体心理层次,突发事件的快速性、突发性、强破坏性对公众情绪产生冲击,进而出现群体极化现象,引发社会心理变化。2003 年的全国范围内的 SARS 疫情引发国民焦虑、恐慌情绪②,因此突发事件所引发的群体情绪波动备受关注。

现有文献对于突发事件中的情绪研究已经较为充分。主要集中于以下三个方向:一是突发事件中群体情绪的计量和预警。李从东通过突发事件相关的新闻、博客来分析群体情绪③;Minglu Li 对于群体情绪的研究采用 BBS,考虑帖子的影响范围及强度构建恐慌指标对群体情绪进行刻画和监测预警④;刘志明基于微博的实时性和数据可得性,采用突发事件相关的微博评论描述群体情绪,并绘制群体情绪演化机制,实现对情绪的监控管理⑤。二是突发事件中群体情绪类别及相对应的情绪管理措施。刘志明将情绪分为倾向性和中立性两类,并进一步探讨了倾向性中正向情绪和负面情绪⑥;王一牛则将情绪划分为乐观和悲观,并就突发事件的情绪管理提出归因训练法、合理情绪疗法等心理学层面的方法⑦。三是突发事件中应急管理部门的情绪研究。刘效广研究了突发事件对应急管理部门决策者情绪的影响,在进行应急决策过程中,决策者会出现首因效应⑧。

---

① 戴伟辉:《城市突发事件的公众认知情绪机制及其应对策略》,载《上海城市管理》,2014 年第 1 期。
② 王春雪、吕淑然、杨凯:《突发事件中恐惧情绪感染概率研究》,载《中国安全科学学报》,2015 年第 9 期。
③ 李从东、洪宇翔:《面向突发事件的社会情绪稳定性建模方法研究》,载《情报杂志》,2014 年第 1 期。
④ 方乐、张松、周婷婷:《考虑情绪因素的群体性突发事件等级依赖期望效用模型》,载《电子科技大学学报(社科版)》,2015 年第 2 期。
⑤ 刘志明、刘鲁:《面向突发事件的民众负面情绪生命周期模型》,载《管理工程学报》,2013 年第 1 期。
⑥ 刘志明、刘鲁:《面向突发事件的群体情绪监控预警》,载《系统工程》,2010 第 7 期。
⑦ 王一牛、罗跃嘉:《突发公共卫生事件下心理障碍的特点与应对》,载《心理科学进展》,2003 年第 4 期。
⑧ 刘效广、杨乃定:《突发事件应急决策中的首因效应研究》,载《中国安全科学学报》,2013 年第 11 期。

综上可知，已有文献的研究大都集中于社会整体情绪或者相关应急管理部门情绪，较少涉及对于突发事件直接参与者情绪的研究。本文重点关注突发事件直接参与者的情绪特征，从依赖程度、敏感程度、信心度等多维角度对直接参与者的情绪进行刻画描述，并在此基础上，引入医学中的安慰剂效应来分析政府、媒体、社会团体、自发组织、个人自愿者等作为安慰剂，对突发事件的直接受害者所传递的安慰剂信号及行动对其情绪的影响，以期为突发事件参与主体情绪管理提供可操作性的建议。

## 一、安慰剂效应理论分析

### （一）安慰剂及安慰剂效应的内涵

安慰剂，词出拉丁语，意思是"它将我治愈"，最初应用于医学领域，临床医学领域部分对病情没有实质疗效的药物，但是由于病患的主观因素反馈此类药物具有一定的治疗效果，将这类药物称之为安慰剂。[1] 随着神经学、心理学等学科的发展研究，安慰剂已不是传统意义上的药物[2]，在心理学领域，将感情因素纳入安慰剂的范围，包括个人表情、态度及威望、注意感知和情感回应[3]。部分学者将安慰剂迁移到管理学研究中，将管理层对员工的人文关怀视为组织中安慰剂，人文关怀安慰剂有助于增强人与人之间的信任，增加下级对上级的信赖程度，并从雇员激励角度分析人文关怀安慰剂的重要性，进一步研究其对员工积极性及企业价值的影响。本文将安慰剂引入突发事件的应急管理中，将不同相关团体或个人能够使突发事件参与主体产生正面情绪的行为、暗示等活动定义为安慰剂，反之，造成突发事件参与主体负面非理性情绪的活动行为称之为反安慰剂。与之相对应的安慰剂效应，是指突发事件应急管理过程中安慰剂的作用机制，包含安慰剂的出现到发展、演化直至最后的消退。

---

[1] 张莹、黄希庭：《关于安慰剂效应的研究》，载《心理科学》，2008 年第 1 期。
[2] 方会玲：《暗示疗法及安慰剂效应在护理中的应用和伦理思考》，载《中国医学伦理学》，2011 年第 4 期。
[3] 张文彩、袁立壮：《安慰剂效应研究实验设计的历史和发展》，载《心理科学进展》，2011 年第 8 期。

## (二) 安慰剂效应的类型特征

突发事件中安慰剂效应具有不同类型，主要原因在于安慰剂来源主体的差异，政府的权威性会大于普通的社会团体，社会团体的威信会大于个人，因此来源于政府的安慰剂效应要显著强于普通社会团体及个人。安慰剂所表现出的差异同样会对突发事件中的安慰剂效应的作用发挥产生影响。

### 1. 不同来源主体安慰剂效应

突发事件中，各类相关主体安慰剂的威信力、辐射范围、作用强度存在明显的差异，将其划分为政府部门、大众媒体、社会团体、自发组织和个人自愿者。从表1可以清晰看出不同主体安慰剂效应的强度对比。

表1 不同主体安慰剂效应强度对比表

| 主体<br>项目 | 政府部门 | 大众媒体 | 社会团体 | 自发组织<br>个人志愿者 |
| --- | --- | --- | --- | --- |
| 威信力 | 极强 | 强 | 中等 | 弱 |
| 辐射范围 | 中等 | 极广 | 广 | 弱 |
| 作用强度 | 极强 | 中等 | 强 | 弱 |

### 2. 不同表现形式的安慰剂效应

不同的安慰剂形式，所带来的安慰剂效应不尽相同，根据不同安慰剂的形式，将其划分为语言暗示、行为暗示、人格暗示、环境暗示。表2描述不同安慰剂形式在空间和时间的分布，其中，行为暗示在时间、空间两个维度有较强的安慰剂效应，人格暗示在两个维度上安慰剂效应最弱。

表2 不同形式安慰剂的安慰剂效应时间空间矩阵

| 空间 | 语言暗示 | 行为暗示 |
| --- | --- | --- |
| | 人格暗示 | 环境暗示 |
| | | 时间 |

## (三) 影响安慰剂效应的因素

安慰剂效应的发挥受到许多因素的影响。首先,宏观层面的社会环境、社会风气为安慰剂效应的产生、增强直至消退提供了背景基础,社会团体、自发性组织以及大众媒体的行为活动会使安慰剂效应得到时间维度、空间维度、心里维度的拓展和延伸,也可能带来相反的作用,即反安慰剂效应;其次,微观层面的因素会对安慰剂效应的发挥和运用产生较大影响,微观层面因素能更直接且有效地作用于突发事件的参与主体,进而引起其情绪的剧烈变化,在变化方向上甚至引起反转状况的出现。

### 1. 宏观层面

个人情绪及行为总会受到社会主流情绪、价值观的影响。弗洛姆指出个人由于害怕在社会共同体中被边缘化或者受到其他成员的排挤,为消除由此产生的内心焦虑感,这一特定情况下会选择放弃个人立场,跟随大多数成员的最后决策,勒庞在《乌合之众》中将上述从众心理过程归纳为群体精神统一性的心理学定律。由此可见社会整体环境的大背景对于个人的情绪和行为起到一定的引导作用。积极向上的社会氛围会让个人的信心度得到提升,增强人与人之间的信任感。因此,良好的社会风气及氛围为安慰剂效应的发挥提供了更为适宜的环境背景,进而对突发事件参与主体的情绪起到正向的引导作用;反之,缺乏正能量的社会整体情绪可能会带来反安慰剂效应,导致突发事件参与主体情绪的恶化,增大突发事件的进一步应急救援的阻力,导致应急管理缺乏效率,引发参与主体又一层次的不满情绪,从而形成情绪恶化——阻力——情绪恶化的恶性循环过程怪圈。

### 2. 微观层面

微观层面的因素对安慰剂效应的影响更为直接,且影响力度较强。微观影响因素包括三个层面:一是个人特质。王一牛的研究表明,具有乐观人格特质的人对待事物心理积极,面对突发事件时对于好结果的预期大于坏结果的预期,因此更容易受到安慰剂的影响,因此一旦此类人群注入相适应的安慰剂,就会显现出正向的安慰剂效应;而具有悲观性人格特质的参与者,需要更大程度的安慰剂才会出现安慰剂效应,或者可能由于不适当的安慰剂,反而导致反安慰剂效应。二是安慰剂的特征。不同类型的安慰剂对安慰剂效应存在明显差别，语言暗示，更多是对突发事件参与主体的心理安慰，其作用力显著低与行动力的安慰剂效应，参与者更相信落到实处的行为，而非口头的承诺。由于公信力的原因，来源于政府应急部门安慰剂效应要大于社会团体、大众媒体、个人自愿者等，政府应急部门的行为安慰剂所带来的安慰剂效应的作用力最强。三是与突发事件参与主体的关系。与其关系越密切，对其情绪和行为的影响力越大。突发事件发生时，参与者的心理承受能力较弱，对周围的人群及环境心理依赖程度较强。根据与参与者关系的远近，安慰剂效应的大小排序依次是身边的亲人朋友言语和行为、突发事件现场救助人员及医护人员的行动、社会自发组织的慰问、祈祷活动等。

## 三、安慰剂效应的作用机理

### （一）安慰剂的产生—消退机理

突发事件中安慰剂的产生、发展、演化直至消退有其内在的规律性。首先，安慰剂来源于政府应急部门、社会团体、大众媒体、个人自愿者等的语言暗示、行为暗示、环境暗示。随着时间的推移，由于信息的快速传播和扩散，最初的安慰剂在

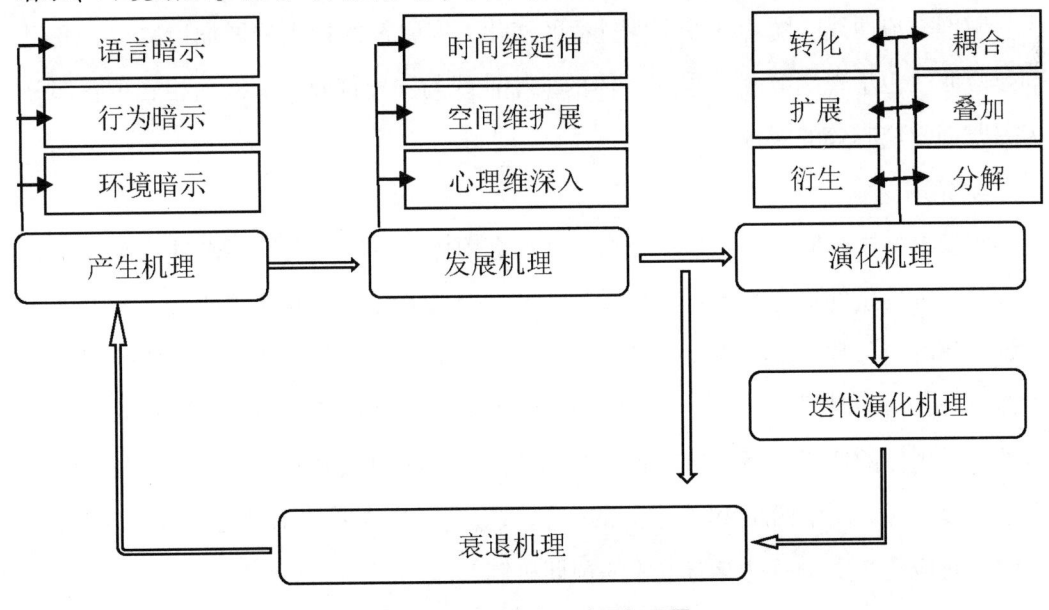

图1　安慰剂产生—消退机理图

突发事件参与主体中形成了时间维度的延展、空间维度的扩展以及心理维度的深入内化。在演化阶段，安慰剂 A 由于情景的变化、突发事件的性质差异以及参与主体的不同会发生转化，而导致安慰剂耦合现象的出现，安慰剂 A 与安慰剂 B 叠加进而形成新的安慰剂 C，初始安慰剂 A 和 B 就实现了类型上的拓展，相反过程的安慰剂分解，使初始安慰剂 A 衍生成两类或多类新的安慰剂 B、C……N……安慰剂的作用力会因事件的结束、时间的推移逐渐消退，失去其作用力。下图阐述了安慰剂从产生、发展、演化到衰退的过程。

### （二）安慰剂效应的作用机制

安慰剂效应主要通过两种渠道作用于参与主体的情绪：一种是安慰剂效应的生理机制。对于生理机制，更多的研究是从医学的角度进行说明，本文中并不对此作详细解释。另一种渠道是安慰剂的心理机制。正是这种心理机制可以由医学领域延伸迁移到应急管理领域，对突发事件参与主体的情绪进行分析和解读。突发事件中的安慰剂效应心理机制以是否开始有效救援为依据划分成为两种作用方式：一是未进行有效应急救援的预期机制，二是已经开始一段时间的有效应急救援的条件反射理论。图 2 中横轴为时间 T，纵轴为效应 U，E 为突发事件参与主体期望曲线，P 为安慰剂效应曲线。随着突发事件过程的演化，安慰剂的投入先增加后减少，安慰剂效应曲线也呈现倒 U 型，参与主体的期望曲线与安慰剂效应曲线的相交重叠部分为安慰剂效应有效的区域。

**1. 预期**

突发事件中政府相关应急管理部门、社会团体、自发组织等还未进行有效的应急救援，突发事件参与主体对其他救援力量的期望为 0，其的期望曲线 E 从顶点 O 开始，随着应急救援力量的投入以及其他各方的支援，突发事件参与主体的期望会逐渐上升，由于时间的推移突发事件的影响得到缓解以及各方关注度的减弱，突发事件参与主体的期望下降。期望曲线 E 与安慰剂效应曲线 P 的相交重叠部分，即安慰剂有效区域为图中的 $T_1$ 和 $T_2$ 中间的 A 区域。由于事件开始未进行有效应急救援，安慰剂效应的产生是通过参与主体的预期机制。

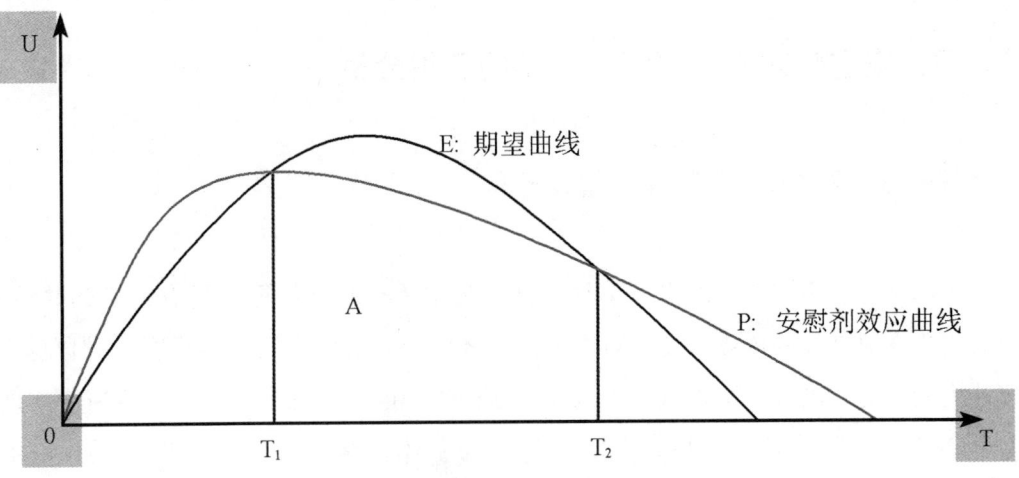

图 2　预期机制安慰剂效应图

**2. 条件反射**

突发事件中政府应急部门、社会团体、自发组织已经开始了相对有效的应急救援工作，突发事件参与主体由于受到前期应急救援行为的激励，就会对应急部门及其各方的救援行为形成一个初始的期望，如图 3 中，突发事件参与主体的期望曲线在纵轴上有初始截距，初期有效的应急救援对突发事件的参与主体形成了一种心理刺激，并产生条件反射，因此条件反射机制下的参与主体期望曲线 E 与预期机制的期望曲线有差异。同样，期望曲线 E 与安慰剂曲线 P 相交重叠的部分为安慰剂效应的有效区域 B，由图 3 可以看出，条件反射机制的安慰剂效应有效区域 B 大于预期机制的区域 A。

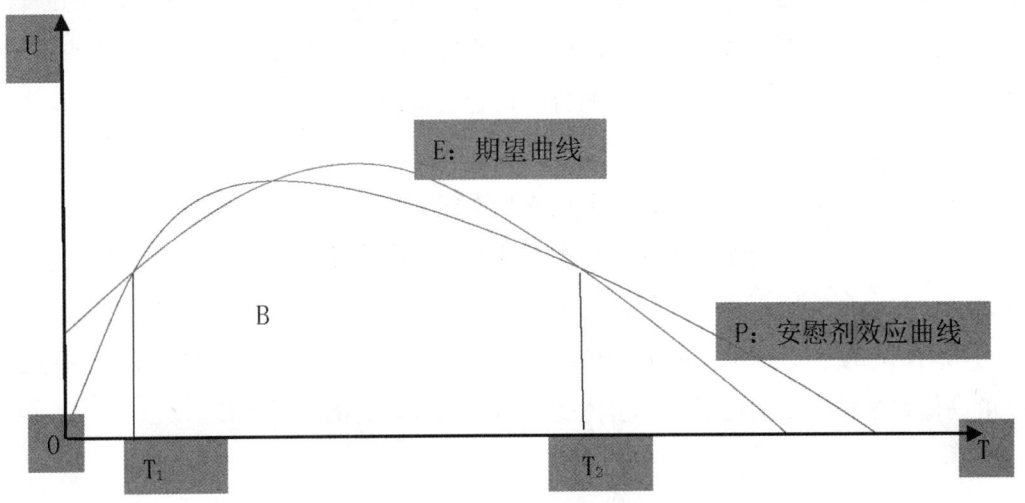

图 3　条件反射机制安慰剂效应图

## 四、安慰剂效应在情绪管理中的应用分析

### （一）突发事件参与主体的情绪表征

不同类型、不同情境的突发事件，其参与主体在心理特征上具有一定的共性，主要表现在对外界的依赖程度、对周围人及环境的应激反应的敏感程度、对自身恢复能力的信心程度等。文章从三个方面，即依赖程度、敏感程度、信心度三个维度对其心理特征进行界定，并为突发事件参与主体情绪的解读和管理提供相应的基础。

#### 1. 依赖程度

突发事件由于其时间上的突发性、空间上的强破坏性以及心理上剧烈冲击性，会使突发事件的参与主体在事件初始没有任何的准备。面对突发事件带来的生命安全威胁、对个人及集体财力物力的巨大损耗，在心理上会出现个人力量微不足道，进而产生面对突发事件的心有余力不足或者无能为力的内在情绪，转而寄希望于外界力量及环境。因此，突发事件影响越严重，参与主体对外界的依赖程度越大。

#### 2. 敏感程度

个体在一定社会环境中生存，总会受到周围环境的影响，并对此做出反应，这是心理学通常所描述的心理应激，是对环境的一种适应性能力。而突发的公共安全事件会放大这种心理应激反应，事件的参与主体对周围的环境变化、周围人的语言行为等比正常情况更为敏感，短时间的高敏感度会提升参与主体对突发事件的应对能力，但是长时间的高敏感性会影响身体机能正常运作。

#### 3. 信心度

突发事件所带来的危机，往往会使参与主体形成受挫心理。由于突发事件参与主体对环境的认知有判断差异，其对挫折的容忍力度也不尽相同，对于挫折的容忍度越低，对自身的信心就越不足，缺乏应对突发事件的积极心理。心理承受能力同样会影响信心度，心理承受能力较低的个体面对突发事件容易产生逃避心理。信心度的高低在某种程度决定了参与主体受言语活动等行为的暗示程度。

(二) 安慰剂效应的应用

突发事件中对于参与主体的情绪管理尤为重要，稳定积极的情绪会使应急救援工作事半功倍。反之，短期内会造成救援工作中的资源内耗、时效性缺乏等问题，进而降低整体的应急救援水平和效率；长期则会使参与主体失去对政府部门及社会力量的信任，导致公众安全感的丧失，不信任的社会情感氛围，政府部门公信力的下降等严峻的社会问题。突发事件中安慰剂效应会对事件参与主体情绪产生正向的调整与管理，避免上述问题的出现及蔓延，但是，反安慰剂效应会对参与主体的情绪带来负向冲击。

政府应急部门、社会媒体、自发组织等不同类型的相关团体的积极的语言行为等活动都会对事件当事人带来一定的安慰剂效应。由于政府应急部门的威信，其迅速有效的救援行动是强心剂，能够快速提升参与主体应对突发事件的信心度；其次相关社会团体为应对事件提供的救援物资在时间的解决上存在物理性的意义，对事件参与主体的心理同样会产生积极作用。突发事件往往伴随着生命安全的威胁，进而引发事件当事人的悲痛、恐慌、焦虑、悲观等情绪，救援过程中的医护人员以及心理咨询人员的积极的表情、态度、情感回应对当事人产生一定程度的心理暗示，从而呈现出安慰剂效应，对参与主体的情绪起到正面的影响；反之，则会带来安慰剂效应，反向冲击参与主体的情绪。如2003年蔓延全国的SARS疫情，当事人由于心理的极度恐慌和悲观情绪，对医护人员的任何行为动作都较为敏感。当医护人员表情轻松，面带微笑，患者就会接收到正面情绪的暗示，表现出相对积极的治疗心态，更愿意配合医护工作的开展。而当医护人员出现紧皱眉头的烦躁表情、不在意的手势行为时，会给患者造成一种心理压力和悲观情绪，影响后续病情的治疗和健康状况的恢复。大众媒体对事件的真实情况记录，做到了信息在参与者和非参与者之间的沟通连接，使得安慰剂效应的发挥实现了时间和空间的延伸拓展。大众媒体的正面积极的言论本身就会带来安慰剂效应。自发组织以个人志愿者对于突发事件参与主体的心理影响要远大于其所带来的物理上的影响，其在救援物质及救援力量的贡献相对于政府应急部门、社会团队明显不足，但是自发组织和个人志愿者的慰问、陪伴活动对参与主体的心理支援作用尤为凸显。

## 五、研究结论及建议

本文将医学领域的安慰剂及安慰剂效应拓展到突发事件应急管理中，突发事件中的安慰剂有其自身领域特性，是指不同相关团体或个人能够使突发事件参与主体产生正面情绪的行为等，安慰剂效应是突发事件中安慰剂的作用过程。本文根据来源主体及表现形式对安慰剂效应进行分类，并从宏微观层面对影响安慰剂效应的因素进行分析，提出安慰剂效应的预期和条件反射两大心理机制，结合突发事件参与主体的情绪特质，研究安慰剂效应在突发事件参与主体情绪管理中的应用。

突发事件参与主体的情绪管理中要合理适度的增强安慰剂效应，减弱反安慰剂效应，具体有三方面的措施：一是兼顾突发事件参与主体的不同人格特质。由于单独个体人格差异，安慰剂效应的使用也要因人、因时、因地，采取差异化方式。对于极度悲观的参与主体，不仅是语言、行为、环境的暗示，适当时候需要专业心理咨询师的心理辅导。二是安慰剂的叠加涉及。不同团体对参与者的情绪调整在时间、力度上明显不同，因此安慰剂的叠加设计能使安慰剂产生协同效应，及安慰剂 A+B >安慰剂效应 A+安慰剂效应 B，如自发组织的慰问、陪伴和祈祷等安慰剂再与大众媒体的报道所传递的正能量型安慰剂叠加，就会产生上述的安慰剂协同效应，进一步发挥安慰剂效应在情绪管理中的正向调整作用。三是突发事件关键节点的安慰剂注入。在整个突发事件的应急管理过程中，会出现相对于全局的局部关键节点，而此类型的关键节点上救援力量以及相应安慰剂的注入会改变参与主体的期望曲线，增大期望曲线的纵向截距，扩展安慰剂效应的有效区域，从而实现救援资源的合理优化配置、缩短突发事件持续时间、减弱其破坏力，进而提升整体应急救援效果和效率。

# 2015年台湾地区突发事件评述*

范 超 郝 豫**

**摘 要**：台湾地区自然灾害频繁，社会矛盾突出，严重影响了该地区民众的生活安全。本文以梳理台湾地区2015年突发事件为基础，挖掘其内在规律，提出了相应的解决方案，并对未来进行预测。这可以为相关研究和部门决策提供借鉴或参考。

**关键词**：突发事件；台湾；自然灾害；事故灾害

## 一、背景

根据《中华人民共和国突发事件应对法》和《国家突发公共事件总体应急预案》，本文将2015年台湾地区突发事件分为自然灾害、事故灾难、公共卫生事件、社会安全事件四大类。又针对台湾地区实际特点，结合台当局颁布的"灾害防救法"和"灾害防救法实施细则"有关条款，对突发事件所涵盖的内容进行了适当的调整。这里的自然灾害主要包括台风、地震、旱灾和寒流等，事故灾难包括生产

---

\* 基金项目：教育部人文社会科学研究青年基金项目（编号：16YJCZH026），河南省哲学社会科学规划项目（编号：2015CZH007），河南省政府决策研究招标课题（编号：2016B290）及河南省教育厅人文社会科学研究规划项目（编号：2017-ZZJH-188）。

\*\* 范超，经济学学士，河南理工大学应急管理学院本科生。主要研究领域：宏微观经济学、公共管理。郝豫，管理学博士，河南理工大学应急管理学院讲师。主要研究领域：风险管理、应急管理。

安全事故、交通运输事故、公共设施和设备事故等,公共卫生事件主要指传染病疫情和动物疫情,社会安全事件包括网络安全与舆情问题等。

台湾地处祖国东南之隅,位于琉球群岛和菲律宾群岛之间,与福建省隔海相望,面积3.6万平方公里,总人口23496068人。台湾及其周边岛屿是由亚欧板块和菲律宾板块的聚合作用形成的。岛内南北分属亚热带季风气候和热带季风气候区,面朝西太平洋,经常受台风袭扰。在国际形势方面,台湾作为链接东南亚和日本海的咽喉要地,不仅身处于南海乱局之中,更直面日本政府在钓鱼岛海域的肆意妄为。这些政治和社会问题导致台湾地区近些年经济严重衰退。由此产生的社会问题,也层出不穷。

## 二、现状分析

### (一)自然灾害

#### 1. 地震

台湾岛3.6万平方公里的土地上,分布着三个地震带,分别是:

西部地震带,包括台湾西部地区,震源深度较浅,人口稠密,较大地震时易造成灾情;

东部地震带,由菲律宾海板块与欧亚板块碰撞所造成,地震频率高,震源深度较深;

东北部地震带,多属浅层地震,并伴随有地热与火山活动现象。

自康熙年间以来,台湾有记载致人死亡的地震80次以上,据不完全统计,累计死亡11256人。近些年来,由于地壳活跃,地震发生更加频繁。2015年,台湾地区共发生地震549次,其中有感地震100次。

如表1和图1所示①,从时间上看,台湾地区全年地震频次普遍偏高,以秋季最多;从空间上看,地震多发生于外海及东部沿海的宜兰县和花莲县等地。综合整个大数据,区域性地震是主流,占次数的81.79%,有感地震的破坏力有限。但因频率高,基数大,发生灾难性地震的可能性较高。

---

① 台湾地区"交通部中央气象局":《地震活动汇整》,http://www.cwb.gov.tw/V7/earthquake/rtd_eq.htm。

表 1　2015 年台湾地区地震频率空间序列

| 震中区域 | 地震(次) | 有感地震(次) |
|---|---|---|
| 外海 | 178 | 37 |
| 花莲县 | 201 | 34 |
| 宜兰县 | 69 | 14 |
| 台南市 | 35 | 4 |
| 台东县 | 32 | 4 |
| 南投县 | 10 | 4 |
| 嘉义县 | 12 | 0 |
| 屏东县 | 4 | 2 |
| 新竹县 | 7 | 1 |
| 高雄市 | 7 | 0 |
| 苗栗县 | 4 | 0 |
| 其他地区 | 0 | 0 |

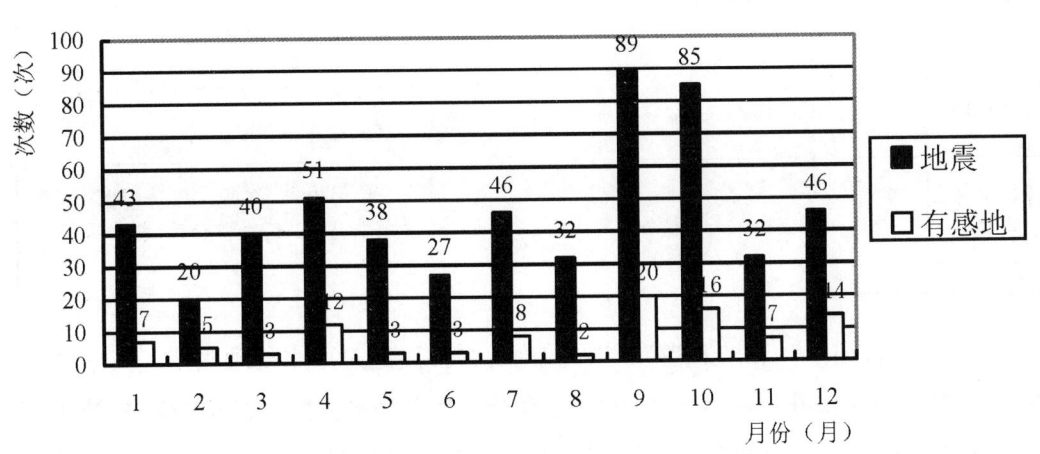

图 1　2015 年台湾地区地震频率时间序列

2015 年 4 月 20 日上午 9 点 42 分发生的里氏 6.3 级地震是 2015 年台湾地区唯一一起灾害性地震，震中位于花莲外海，坐标东经 122.44°，北纬 24.02°，震源深度 17.5 千米。由于盆地效应，新北、宜兰等地最大震度为 4 级，台北、花莲等附近地区为 3 级。受此影响，台北市松江路 128 号停车塔汽车坠落，11 辆受损。新北市树新路自来水管线破裂，新庄区忠孝街高架变电箱起火爆炸，波及一旁民宅，造成一死一伤。①

**2. 台风**

2015年5—9月,台湾当局共发布六轮台风警报,具体概况见表2。其中,"苏迪罗"和"杜鹃"横穿台湾而过,共造成11人死亡,813人受伤,给全岛带来巨大浩劫,仅农业损失就高达43亿元新台币,折合人民币8.6亿元。

表2　2015年侵台台风影响列表

| 时间 | 名称 | 中心附近最大风速 | 影响范围 | 造成后果 |
| --- | --- | --- | --- | --- |
| 201506 | 红霞 | 51m/s | 台湾东南、东北部海域,恒春半岛,台湾东部 | 恒春半岛及台湾东部部分地区全天停课,下午停班 |
| 201509 | 灿鸿 | 48m/s | 台湾东北沿海地区及近海 | 北部多县市停班停课,有考试顺延一天,有近11万考生受到影响 |
| 201510 | 莲花 | 30m/s | 台湾岛西南部近海 | 和"灿鸿"形成耦合,给北部地区带来9—10级大风和豪雨 |
| 201513 | 苏迪罗 | 48m/s | 整个台湾地区 | 8人死,437人伤,4人失踪,衍生灾害4234件,逾400万户停电,农业损失逾30亿元新台币,折合人民币六亿元② |
| 201515 | 天鹅 | 51m/s | 台湾东部 | 引发多地大风大浪及豪雨天气,1400名游客从绿岛与兰屿撤离 |
| 201521 | 杜鹃 | 51m/s | 整个台湾地区 | 3人死,376人伤,逾208万户停电,农业损失逾13亿元新台币,折合人民币2.6亿元 |

另外,"苏迪罗"和"杜鹃"均导致南势溪浊度超过净水处理极限,其中"杜鹃"来袭更使其飙升至两万零五百度,约153万户停水,民众被迫抢购桶装水应急。为应对台风"苏迪罗",宜兰、花莲、台东等地宣布停班、停课一天,并暂停多项户外活动;台湾华信航空等多家航空公司宣布取消8月7日下午2时后台湾内部航班,台中到香港航班从下午4时50分以后取消。为应对"杜鹃",班机同样被大面积取消,台铁东部、西部干线及南回线相继停驶,多处路段封闭。

---

① 中国新闻网:《台湾外海地震1死1伤 部分大陆客感受震撼》,http://www.chinanews.com/tw/2015/04-20/7219561.shtml。

② 周浩:《2015年第13号台风"苏迪罗"暴雨过程分析》,载《卷宗》,2015年第11期。

### 3. 旱灾

由于 2014 年秋冬以来降雨稀少，春季岛内发生了自 1947 年以来最严重的旱灾，新北、桃园、新竹、苗栗、台中、彰化北部、台南及高雄等地均受到波及。3 月 23 日石门水库蓄水率降至 22.8%，创建库以来同期最低，并持续下降。台湾当局被迫在全区域实行三个阶段的限水措施。直到 5 月份，岛内迎来锋面降水，限令才逐步解除。

### 4. 寒潮

由于北极的气压与北半球中纬度地带的气压呈现反向变动而导致的北极震荡的影响，以及全球气候失常，寒流从 2015 年 12 月起便在台湾地区蔓延。有媒体报道，桃园和花莲的低温导致了 18 人死亡。此后，这场空前的寒流持续壮大至霸王级。截至 2016 年 1 月 25 日，台湾已有至少 85 人因低温去世，农林渔牧业损失约 35 亿元新台币，折合人民币 7.02 亿元。

## （二）事故灾害

### 1. 生产安全事故

4 月 10 日，台中市捷运绿线工地发生钢梁坠落事故，造成 4 人死亡，4 人受伤，多部车辆被毁，捷运绿线全面停工。据调查，事发时施工现场既无围篱，也无封路管制，车辆就行驶在悬空的钢梁下。事发前，时任台中市市长胡志强表示：捷运绿线 2016 年通车，绝不延后。其后继者林佳龙也强调：将缩短期限，提前两年完成，并要求内缩或撤除施工围篱。可见，事故的发生虽与官员指令并不存在直接因果，但与台湾当局在基建方面的"大跃进"思维不无关系。

### 2. 公共设施设备事故

6 月 27 日晚，新北市八仙乐园发生彩粉爆燃事故导致火灾，共造成 15 人死，484 人受伤。伤者多为 18—29 岁年轻人，包括 266 名师生，其中高中以下学校师生 96 名，大专院校学生 170 名。此次事故是继"9·21 大地震"以来台湾受伤人数最多的灾难。[①]

事故现场存在多项安全隐患：

---

[①] 孙雨、何自力、李慧颖等：《台湾新北发生粉尘爆炸 500 余人伤含 2 名大陆学生》，载《安全与健康（上半月版）》，2015 年第 8 期。

(1) 场地：第一，据专业机构估测，该场地仅能容纳600人，但实际到场近万人，超出理论安全值十几倍。第二，鉴识人员在爆炸现场发现了大量烟蒂，而现场仅配备一支二氧化碳灭火器。这说明，主办方在场地监管和落实消防预案方面存在明显问题。第三，舞池与地面落差二米，且场地呈现"U字型"，主舞台阻断一侧出入口。人群集中在洼地内，高耸池壁和单一通道阻碍了及时逃生。

(2) 粉尘：据相关部门调查，主办方准备了三吨彩粉，事发后又极力强调彩粉是"绝对安全"的，但有学者指出粉尘爆炸不限于可燃物①，彩粉可能是这次惨案发生的罪魁祸首。

另外，在2月21日台北春节庆祝活动中，还发生了致五人受伤的灯架掉落事故。这说明类似的事故不是个案，它们的发生存在一定必然性。②

**3. 交通事故**

(1) 道路交通事故

2015年全年，台湾省共接报道路交通事故298739件，死亡1696人，与2014年相比分别下降了2.96%和6.76%。

由表3和图2可知，小客车和摩托车肇事造成的死亡人数最多，分别为476人和707人，分别占当年交通事故致死人数的28.07%和41.69%。而每万辆中发生事故造成当事人死亡最多的车型却并非以上两类，而是营运大货车，达到13.8人/万辆。这说明大货车在台湾地区占有量大，且造成致死事故的概率较高。

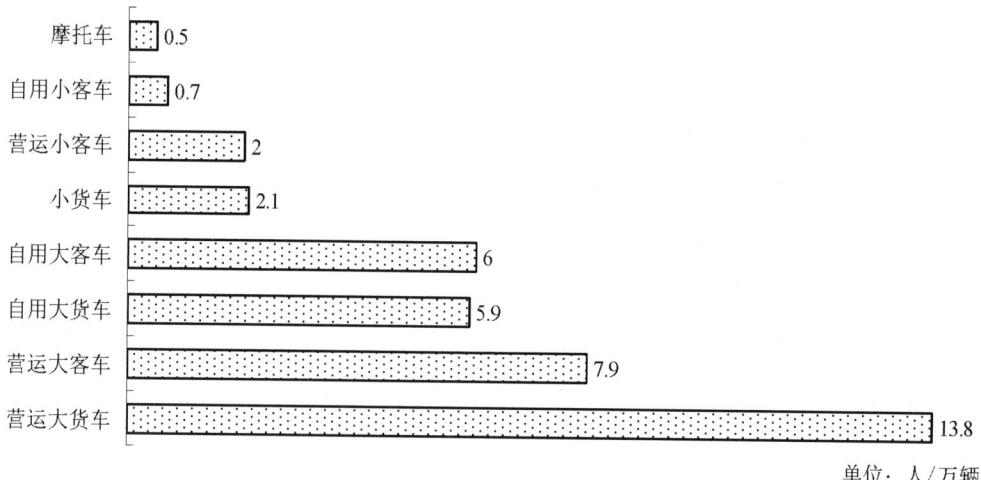

单位：人/万辆

**图2 2015年道路交通事故死亡的肇事车种序列**

---

① 田伟：《粉尘爆炸的认知与防范》，载《生命与灾害》，2015年第8期。
② 于周峰、黄讚松：《八仙尘爆事件政府危机管理之探讨》，2016年犯罪防治学术研讨会，2016年4月。

表3 2015年道路交通事故死亡人数的肇事车种序列（单位：人）

| 总计 | 大客车 | 小客车 | 大货车 | 小货车 | 摩托车 | 自行车 | 行人 | 其他 |
|---|---|---|---|---|---|---|---|---|
| 1696 | 25 | 476 | 153 | 187 | 707 | 56 | 67 | 25 |

另由表4可见，70岁以上人群占总死亡人数的24.17%，65岁以上的为31.43%，55岁以上的竟然高达46.29%。样本中，这三个年龄段仅各自占总数的12.5%、20%和37.5%。这说明，随着老龄化社会到来，中老年占人口的比重越来越大，而社会对中老年交通安全问题，却明显关爱不足。①

表4 2015年道路交通事故死亡人数年龄序列（单位：人）

| 总计 | 未满18岁 | 18—24岁 | 25—34岁 | 35—44岁 | 45—54岁 | 55—64岁 | 65—60岁 | 70岁以上 |
|---|---|---|---|---|---|---|---|---|
| 1694 | 56 | 258 | 202 | 183 | 210 | 252 | 123 | 410 |

（2）航空事故

2月4日，复兴航空GE235班机（ATR72-600机型，航空器注册编号B-22816）由台北飞往金门，起飞五分钟后随即失控，擦撞环东大道高架桥后坠毁于基隆河前。机上乘客和机组人员共58人，43人罹难、15人受伤。本次事件为复兴航空七个月来第二次重大伤亡事故。

（二）公共卫生事件

**1. 人类传染病疫情**

2015年，台湾地区痢疾、登革热、流感及其并发症等主要监控疫情病例共计46954例，其中登革热疫情最为严重。至12月底，此次疫情共导致43746人染病，占传染病总确诊人数的93%，其中213人死亡。疫情于5月首先出现在台南，之后一发不可收拾，于第37周左右达到高峰期，并于8月10日出现第一例死亡病例。经过百余日的持续波动，疫情于第50周以后开始逐步消散。受到此次登革热疫情影响，台南赤崁楼、安平古堡、亿载金城等景点，游客一度减少二至五成，观光区旅馆住房率明显降低。

---

① 台湾地区"内政部警政署"：《资讯公开》，https://www.npa.gov.tw/NPAGip/wSite/lp?ctNode=12594&nowPage=2&pagesize=15（访问时间：2016年4月19日）。

### 2. 动物疫情

自1月11日起，云林、嘉义、屏东、台南、南投、彰化等11个地区陆续发生526起家禽和2起野鸟H5N2亚型高致病性禽流感疫情。截止12月底，16万只禽类染病死亡，累计捕杀约88万只。台"农委会"从病禽体内分别检出：旧型H5N3、H5N2、H5N8亚型、新型H5N3亚型以及新型H5N2亚型禽流感病毒。虽然这些病毒还没有变异为能传播到人的病毒株，但形势仍不容乐观，因为其蔓延速度、规模为近十年来最快且始终得不到控制。

### 3. 食品卫生事件

2015年，台湾地区查处了16起严重食品安全事件，涉事单位不仅包括在当地备受欢迎的连锁店，品牌食品，如"50岚""英国蓝"等，还包括拥有执照的中大型食品原料加工厂，它们处在产业链的上游，所造成的恶劣影响难以估量。这些问题食品不仅涉及鸭血、豆干、咖喱、蜂蜜、红茶等日常饮食，还涉及学生餐桌。高雄市一家米食工厂在煮饭时掺入反丁烯二酸等防腐药水，并将其提供给高屏地区一百多家学校，仅高雄市受波及中小学校就有15所。有些问题已存在数年而未被人发现。

## （四）社会安全事件

### 1. 网络安全

表5与表6给出了台湾2015年度网络安全的相关信息。另外，诺顿杀毒软件公司公布的《2015网络安全调查报告》指出：据不完全统计，2015年台湾地区约389.4万人是网络犯罪的受害者，总损失超过346亿元新台币，折合人民币69.3亿元。

表5 台湾地区网络犯罪统计表

| 发生数(件) | 嫌疑犯人数(人) | 破获数(件) | 破获率(%) |
|---|---|---|---|
| 2899 | 1529 | 1491 | 51.43 |

表6　2015年1月—11月妨碍电脑使用案件概况

| 类型 | 发生数（件） | 结构比 |
|---|---|---|
| 无故取得变更或删除他人电脑记录 | 1174 | 42.46% |
| 无故侵入他人电脑 | 1461 | 52.84% |
| 无故用电脑程序干扰他人 | 59 | 2.13% |
| 制作并提供"黑客"软件 | 31 | 1.12% |
| 其他 | 40 | 1.45% |
| 总计 | 2765 | 100% |

台湾"民政部警政署"公示显示，2015年台湾地区单月刑事案件破案率都在90%以上，但仍有近半的网络案件未破获。结合往年数据（2012年、2013年、2014年破案率分别为59.92%、47.09%、28.23%）分析，这些积案在未来被破获的希望也相当渺茫。①

**2. 舆情事件**

2015年，台湾地区共发生5800起游行示威活动，岛内各地平均每天都有十几起，具体数据见表7。值得注意的是，台湾当局对于游行活动的管控较松，但凡申请几乎都能批准。不过仍有2261起游行集会未经审批，"非法"举行，占总数的38.98%。显然，这些活动的组织和参与者拒绝接受台湾当局的管控，为让问题可以真实地呈现在大众面前而使活动突然开始。

表7　2015年台湾地区游行集会活动统计表

| 时间（月） | 总数（件） | 申请获准（件） | 申请不准（件） | 未申请（件） | 参加人数（人） | 每次平均时间（小时:分钟） | 使用警力（人次） |
|---|---|---|---|---|---|---|---|
| 1 | 223 | 166 | — | 57 | 61853 | 6：20 | 10327 |
| 2 | 135 | 99 | — | 36 | 24514 | 9：00 | 6620 |
| 3 | 206 | 92 | 4 | 110 | 70844 | 5：53 | 17818 |
| 4 | 163 | 59 | 1 | 103 | 15251 | 6：36 | 7659 |
| 5 | 223 | 120 | 1 | 102 | 36667 | 7：44 | 9197 |
| 6 | 308 | 179 | 1 | 128 | 40340 | 8：03 | 8167 |
| 7 | 308 | 206 | — | 102 | 24480 | 9：00 | 10019 |

---

① 台湾地区"内政部警政署"：《妨碍电脑使用案件统计》，https://www.npa.gov.tw/NPAGip/wSite/lp？ctNode=12878&nowPage=2&pagesize=15&mp=1（2016年5月11日）。

（续表）

| 时间（月） | 总数（件） | 申请获准（件） | 申请不准（件） | 未申请（件） | 参加人数（人） | 每次平均时间（小时：分钟） | 使用警力（人次） |
|---|---|---|---|---|---|---|---|
| 8 | 289 | 205 | — | 84 | 23216 | 9：39 | 9944 |
| 9 | 311 | 192 | — | 119 | 62401 | 6：50 | 8669 |
| 10 | 491 | 297 | — | 195 | 233611 | 5：25 | 19053 |
| 11 | 1062 | 668 | 1 | 393 | 585118 | 3：45 | 44781 |
| 12 | 2081 | 1249 | — | 832 | 979471 | 3：01 | 88381 |
| 总计 | 5800 | 3532 | 8 | 2261 | 2158036 | 5：08 | 240635 |

在全年所有的集会游行中，政治性的为 4400 件，占总数的 75.86%；社会性的为 1052 件，占总数的 18.14%；经济性的为 74 件，占总数的 1.28%。可见，政局是台湾舆情不稳的首要原因。即便如此，还是比往年好得多。2014 年，岛内游行集会活动共有 14751 次之多，平均每天多达 40 起。[①]

## 三、对策建议

"改革开放只有进行时，没有完成时。"对于应急机制，我们也要在不断总结经验，充分创新。海峡两岸血脉相连，应在公共安全领域加强交流与合作，共同应对突发事件所带来诸多难题。

### （一）自然灾害

自然灾害的发展过程很难中断，但可以压缩其生命周期。这就需要考虑突发事件的演化机理。第一，蔓延机理。对于灾害的蔓延，我们不能忽视其隐蔽性特征，对于任何情况都应细致入微，不能按照惯例对待，应客观分析，早做准备。第二，转化机理。台湾地区每次自然灾害的发生都不是从一而终的：凡是台风都会引发洪涝，凡是地震都有泥石流的隐患。我们研究其内在规律，斩断联系。第三，衍生机理。我们应考虑一个灾害和它的全部可能衍生灾害，应走在灾害前面。第四，耦合机理。台湾地区经常出现灾害耦合，在处理灾害时，相关部门要协调运作，统筹应对。

---

① 孙璇：《台湾地区网络舆论的传播与发展》，载《福建社科情报》，2015 年第 1 期。

## （二）事故灾难

### 1. 生产安全事故

首先，台湾地区大多数生产安全事故都是衍生性的，官员的冒进起到了推波助澜的作用。所以，要加强监督，拉住官员们冒进的缰绳。在台湾，官员辞职是家常便饭，但辞职并不代表尽责。真正的尽责，一方面应保证地区发展步伐的稳健，另一方可以考虑将官员冒进导致事故的行为入刑。其次，任何一个项目的建设，其基本原则就是安全生产。在建设时，应设置红线制度，如若触碰，应追根究底，严惩主导者。最后，在工程规划阶段，设计人员在估算工期时，应将可能的灾害影响考虑在内，这就从源头上防止了"赶工"。

### 2. 公共群体性事故

与台湾地区高度繁荣的物质财富相比，当地人的精神发展有所欠缺，突出表现为安全意识相对淡薄。在"八仙尘爆事件"发生之前，如果人们对于存在的隐患能够充分认识，绝对不会出现这般"人间炼狱"。所以，加强全社会的安全宣传教育活动尤为关键。

在制度管理上，除了游行集会，其他所有群体活动也都应采取报批制。活动开办前，主办方应按相关规定，给出安全预案，并接受相关部门的事前检查。活动进行时，消防、警察、民政等部门应到场监督，同时为可能出现的突发状况随时戒备。

### 3. 交通事故

交通事故可分为普通型和衍生型。普通型的交通事故只要做到人人守交规就可以从很大程度避免。而衍生型的交通事故大多是由其他灾害导致的。所以，台湾当局应该做到：一是利用收音机、电子设备等各种终端及时准确地预报灾害发生情况，为交通单位提供指导；二是灾害前后，除特种车辆外应禁止其他车辆出行；三是应在自然灾害波及范围的适当地点均匀设置医护和警察临时值守点，应对可能发生的意外。另外，随着台湾社会人口老龄化的加剧，老年人群成为交通事故伤亡的重灾区。社会应关爱老年人，为其安全出行提供暖心帮助；家庭应负起责任，在其出行时尽到照看义务；"立法"部门应颁布法规，保障老年人安全出行。

### (三) 应对公共卫生事件

很多地方，特别是台湾地区的监管部门在评估公共卫生安全时采取了一种非常危险的制度——抽样。抽样统计很有效率，可以广泛运用。但在关系到民生健康的卫生领域，这个方法显然极不妥当。如今，人类运用电子产品可以解决很多难题，其中就包括对于全体，而非样本的监控。台湾电子产业发展迅猛，将大数据和公共卫生监管结合在一起并不是难事。

### (四) 应对社会安全事件

#### 1. 强化网络监察，做好舆论引导

未来犯罪的趋势是和网络产生各种交集。所以，要更加注意对网络科技的钻研，吸纳和培养相关人才，提高破案率的同时还应对此类犯罪施以重刑，威慑潜在罪犯。同时，互联网作为信息发布、传播、交流的高效平台，容易产生不真实信息和谣言，并通过放大效应迅速扩展。台湾当局应继续加强互联网监督力度，严厉控制网络关口，并通过发布真实信息，加强媒体舆论引导，从而遏制谣言传播造成的影响和危害。

#### 2. 打破壁垒，促进合作

如今海峡两岸的民间活动日益密切，在当前形势下，打破台湾当局主观树立的交流壁垒是民之所向、众望所归。海峡两岸血脉相连，有着同源的社会文化和经济文化，在打击网络电信诈骗犯罪方面也有着相同的目标。而在"立法"方面，台湾当局做得还远远不够。2016年，台岛内媒体就曝出，海外归台的诈骗嫌疑人因当地法律漏洞而脱罪的情况。这些嫌疑人如果移交大陆，那么不仅他们能够受到依法制裁，而且这种犯罪成本的提高对于潜在罪犯也是一种强大的威慑。台湾当局应摒弃历史矛盾，不受国际敌对势力的挑唆，和大陆开展更高层次、更深入的对话协作。

#### 3. 以民为本，为人民服务

减少舆情事件的发生，最根本的是管理部门要贯彻以民为本，为人民服务的宗旨。只有认真履行服务职责，走"群众路线"，保证服务的统一性、连续性与稳定性，这样才能从根本上减少民怨。其中，最重要的是不能将所谓民主的游行示威制

度当作当局掩盖其无能、不作为本质的糖衣炮弹。试问，如果游行活动的初衷真的被当局采纳执行，那么何来一浪高过一浪的民怨鼎沸？所以应在保证公民言论自由的基础上，改进民意采纳制度，其核心是真正为普通老百姓谋利。

## 四、形势预测

从数量上看，2016年台湾地区突发事件仍将保持在一个较高的数量。一方面，台湾地理条件复杂，气候难以琢磨，加之人稠地少，未来发生自然灾害的可能性依然很大。另一方面，经济严重下滑，导致了许多社会问题，其中潜存众多隐患。

从类型上看，首先，特大自然灾害发生的概率依然不小。台风必然会周期性的侵袭台湾，不排除灾害性地震出现和火山爆发的可能性，寒潮、干旱等气象灾害仍将继续出现，但破坏力将缩小。其次，安全事故隐患依旧突出。由于地方政府的激进发展思维，未来岛内发生生产安全事故的可能性很大。但经济萧条，项目数量有限，故发生总数不会太多。再次，人畜疫情将持续存在。2016年，随着台湾当局将注意力集中在"执政"交替上，此类民生问题势必会被忽视。最后，社会安全事件的数量不会有较大变化，但是类型和影响将会比以往更加复杂多变，需要时刻保持警惕。

从影响上看，自然灾害、瘟疫的影响规模和范围依旧是整个台湾地区。除了交通事故影响基本不会改变之外，事故将多集中于由于衍生灾害而工期受到影响的项目工地和城市之中。另外，由于破案率过低，将进一步助长以网络安全事件为代表的社会安全问题的加剧。

# 研究述评

# 我国自然灾害脆弱性评价研究进展*

冯倩倩　刘德林**

**摘　要：** 脆弱性评价是当前脆弱性研究的重要内容之一。本文通过梳理自然灾害脆弱性评价的理论模型和研究视角，为脆弱性评价体系构建和评价方法选取提供总结性建议。在此基础上，对未来脆弱性评价提出了三点建议：（1）脆弱性评价指标之间的耦合作用应受到重视；（2）自然灾害的周期性特征和孕灾环境、致灾因子、承灾体之间的相互作用，决定了脆弱性评价应是一个连续、螺旋上升、循环闭合的动态评价过程；（3）区划定性评价不足以给减灾决策提供翔实的数据支撑，因此，应进一步加强对脆弱性评价的定量化研究。

**关键词：** 自然灾害；脆弱性；评价模型

我国是世界上自然灾害多发的国家之一。据民政部统计，在 2011—2015 年我国各类自然灾害呈多发频发态势。具体来说，年均造成 3.1 亿人次受灾，因灾死亡失踪 1500 余人，紧急转移安置 900 多万人次，倒塌房屋近 70 万间，农作物受灾面积 2700 多万公顷，直接经济损失 3800 多亿元。自然灾害给我国正常社会经济生活带来多方面的损失，已然成为我国经济和社会发展的重大阻碍，如何有效进行防灾减灾成为我国经济和社会发展规划中的重要内容。

世界上不同国家和地区的学者们对自然灾害防治的研究已经有了很长的历史，

---

\* 资助项目：国家自然科学基金（U1504705）。
\*\* 冯倩倩，女，河南理工大学安全与应急管理研究中心、河南理工大学应急管理学院硕士研究生，主要研究领域：自然灾害脆弱性和应急管理。刘德林，男，河南理工大学安全与应急管理研究中心、河南理工大学应急管理学院副教授，硕士生导师，主要研究领域：自然灾害脆弱性和应急管理。

涉及自然和社会领域的众多学科。随着对防灾减灾工作的重视和对灾害系统研究的深入，脆弱性已成为灾害研究的一个重要方向。2001年4月《科学》杂志发表的《可持续科学（Sustainability-Science）》一文，将脆弱性列为可持续性科学的七个核心问题之一。2001到2005年期间，脆弱性又先后被国际全球环境变化人文因素计划（简称IHDP）、国际地圈生物圈计划（简称IGBP）以及政府间气候变化专门委员会（简称IPCC）等提上研究日程，成为全球环境变化及可持续性科学领域关注的热点问题和重要的分析工具。

脆弱性评价是当前脆弱性研究中的一个重要内容，它是脆弱性研究中将脆弱性研究理论和防灾减灾工作相互连接的桥梁。如何基于脆弱性理论构建与修正评价体系，对灾害系统脆弱性进行客观描述，并借助脆弱性评价结果进行反脆弱性实践，是脆弱性研究的终极目标。目前我国自然灾害脆弱性评价中，脆弱性研究还没有形成完善的理论体系、规范的评估程序和普遍适用的方法。[①] 因此，梳理脆弱性评价的理论模型和研究视角，分析其优缺点并找出适用范围和环境，有利于更多学者理解脆弱性研究的现状和未来发展方向。

## 一、脆弱性评价的理论模型

随着学者们对灾害形成机制认识的深化，逐渐形成了灾害学的一些基本理论框架，如致灾因子论、孕灾环境论、承灾体论以及区域灾害系统论[②]，进而提出了一些脆弱性评价模型，主要包括 Risk and Hazard 模型（简称 RH）、Pressure and Release 模型（简称 PAR 模型）、Hazards of Place 模型（简称 HOP 模型）和 Sustainable Development Model 模型（简称 SD 模型）。现分别评述如下。

### （一）RH 模型

1978年由 Burton、Kates 和 White 合作而著的 *The environment as hazard* 一书中，首次提出 RH 模型。他们认为，区域自然灾害是一个致灾因子与人类相互作用的产

---

[①] 陈萍、陈晓玲：《全球环境变化下人—环境耦合系统的脆弱性研究综述》，载《地理科学进展》，2010年第4期。

[②] 史培军：《再论灾害研究的理论与实践》，载《自然灾害学报》，1996年第4期。

物，人类的各种调整是减轻自然灾害的根本途径。该理论对致灾因子进行了详细划分，并在此基础上利用灾害特征数据表征灾害事件。人类通过吸收、接受、减轻与改变来进行降低脆弱性。该理论模型从致灾因子和人类活动两方面阐述了自然灾害产生的原因，是对致灾因子论的进一步发展。但其对自然灾害形成机制的描述并不完整，对孕灾环境、承灾体以及自然灾害形成的各因素之间的相互关系没有进行系统的描述。而灾害的形成过程中，孕灾环境、致灾因子、承灾体缺一不可，可见该理论模型存在一定的局限性。

因为该理论较为清晰地描述了人类活动与自然灾害的关系，灾害特征参数又能比较客观地对灾情进行描述，我国也有不少学者在此基础上对我国一些自然灾害形成机制和工程型防御上进行研究。如黄润秋对我国大型滑坡灾害与人类活动关系的描述，认为我国大型滑坡灾害的发生70%与人类密切相关。[①] 史培军应用美国农业部水土保持局研制的小流域设计洪水模型——SCS模型，对深圳市部分流域进行了径流过程的模拟。结果表明，人类加剧的土地利用活动，引起流域下垫面变化，严重影响着洪涝灾害的致灾过程。[②] 商彦蕊定义脆弱性概念时，总结为脆弱性的区域自然孕灾环境与各种人类活动相互作用的综合产物。[③] 以上灾害形成机制研究对进行灾害风险预测、工程型防御建设起到了很好的指导作用。

通过以上实证研究可见，RH理论模型强调人类活动和致灾因子的相互作用。利用该模型可以清晰表述灾害形成机制中人类活动的作用力，基于基础数据的灾情特征表述较为中肯客观。因此，采用此方法可以从脆弱性人为方面指标对未来灾害风险进行部分预测，编制脆弱性时空分布图，进行预防性工程防御措施建设和技术完善，为减灾决策提供参考。但是由于该理论模型对灾害系统中孕灾环境和承灾体考虑较少，因此在脆弱性评价中指标的选取必定有偏颇，不能作为自然灾害脆弱性的综合分析工具。

## （二） PAR 模型

PAR 模型是以 Blakie 等人为代表的研究，它系统阐述了由孕灾环境、致灾因

---

① 黄润秋：《20世纪以来中国的大型滑坡及其发生机制》，载《岩石力学与工程学报》，2007年第3期。
② 史培军、袁艺、陈晋：《深圳市土地利用变化对流域径流的影响》，载《生态学报》，2001年第7期。
③ 商彦蕊：《自然灾害综合研究的新进展——脆弱性研究》，载《地域研究与开发》，2000年第2期。

子、承灾体相互作用的自然灾害形成机制，较之 RH 模型对灾害形成机制有了更加深刻和全面的理解。PAR 模型认为，自然灾害是承灾体脆弱性不断累进，并和致灾因子相互作用，最终形成自然灾害。承灾体脆弱性在内部物理结构、社会资源结构脆弱的基础上，承受来自自然环境和社会发展两方面的动态压力。在脆弱性与动态压力不断稳定—磨合的过程中，承灾体系统内部各种脆弱性因素逐渐累进成为自然灾害形成过程中必要的不安全条件，此时加上来自致灾因子的外部干扰和冲击，必然产生自然灾害。限于科学技术条件，学者们认为对致灾因子的控制或消除更难实现，因此，如何降低承灾体系统脆弱性就成了 Blaikie 等人更加深入的研究。

我国学者在此理论指导下对承灾体系统脆弱性的研究也出了很多成果。如陈香认为台风灾害是台风致灾因子和承灾体脆弱性共同作用的结果，且脆弱性的存在是台风成灾的主要原因。据此构建了福建省台风脆弱性评价指标体系，并依据评价结果编制了脆弱性空间分布图，为降低福建省台风脆弱性提供了科学依据。[1] 王瑛等研究了我国地震灾害对农村乡镇造成的损失，主要是农村居民住房的破坏，占总损失的 80% 以上，据此在农村住房结构和政府提供经济支持两方面提出建议，以降低农户房屋地震灾害脆弱性现状。[2]

PAR 模型在防灾减灾理念上重视降低承灾体脆弱性，在防灾减灾实践中注重来自政府和社会的经济和政治支持，在综合防灾减灾研究中指明了一个较为具体的理论方向和操作指南。然而通过我国自然灾害实证研究，我们不难发现该模型在应用中对孕灾环境的描述较少，只关注承灾体系统内部结构上的脆弱性，并没有将承灾体脆弱性和致灾因子放在一定的孕灾环境中加以考虑，这是其不足之处。

### （三）HOP 模型

1996 年 Cutter 提出了 HOP 模型。她将脆弱性研究看作是涵盖地学、社会学、人类学等的综合学科，以特定区域为单位，从自然、社会经济和环境几方面来评价脆弱性，是综合脆弱性评价的典型模型。我国学者史培军在其研究中曾对前人研究成果进行总结，将国内外主要灾害理论归纳为致灾因子论、孕灾环境论、承灾体论和区域灾害系统论四大类。致灾因子论重视致灾因子的分类、形成机制和风险评

---

[1] 陈香：《福建省台风灾害风险评估与区划》，载《生态学杂志》，2007 年第 6 期。
[2] 王瑛、史培军、王静爱：《中国农村地震灾害特点及减灾对策》，载《自然灾害学报》，2005 年第 1 期。

价；孕灾环境论重视区域环境稳定性、自然灾害时空分布等等；承灾体论重视承灾体的分类、脆弱性评价和动态变化监测；区域灾害系统论则是以上三种理论的综合。HOP 模型与区域灾害系统论有着某种意义上的重合，都认为承灾体系统脆弱性影响因素存在于各研究学科和领域，是致灾因子、孕灾环境和承灾体综合作用的结果。

HOP 模型是对系统脆弱性全面分析评价的理论，综合自然与人文、时间和空间、内部和外部等脆弱性影响因素，得到了更多人的认可。我国学者也在此理论指导下开展了相关研究。喻忠磊和杨新军认为，基于区域的综合脆弱性评价模型强调以区域为单位，从社会、经济、环境等方面总和衡量系统脆弱性，能够兼顾承载系统的要素复杂性，用于城市干旱脆弱性评价更为合适，并对关中地区城市干旱的脆弱性及其影响因素进行了探索①。宗宁从物理脆弱性和社会脆弱性两个方面入手，认为上海市水灾物理脆弱性包括暴雨强度、持续时间、频度等致灾因子本身的属性，社会脆弱性包括抵抗力等承灾体相应应对能力。承灾体脆弱性随着致灾因子属性、减灾措施等变化而发生变化，潜在致灾因子通过社会结构而决定社会脆弱性。在分析脆弱性曲线理论的基础上，从社区地下空间、地上车库及居民室内财产三方面构建了上海市社区水灾脆弱性曲线。② 杨俊等基于 HOP 模型对湖北省宜昌地区的人口查该地区资料和统计年鉴，以乡镇为单位对该地区的人口分布、地质灾害暴露、社会脆弱性及区域综合脆弱性进行了分析，得出了综合脆弱性受到多种因素影响的结果。③

HOP 模型是灾害理论研究中较为完备的脆弱性评价模型，当下很多研究都基于此模型理论基础进行，或在此基础上进行修正或作倾向性选择。此模型与前面的评价模型相比，避免了脆弱性评价中只关注社会或自然脆弱性的弊端，兼顾了承灾系统的复杂要素，适合在不同尺度空间中进行研究。但因其研究涉及承灾体系统脆弱性的多面因素，对各方面基础数据的整理是其整体评价的基础，评价工作量整体较大，较难操作。因此在实际操作中，对数据进行整理，从众多基础数据中筛选出关键影响因素，是基于 HOP 模型进行脆弱性评价的关键步骤。

---

① 喻忠磊、杨新军、石育中：《关中地区城市干旱脆弱性评价》，载《资源科学》，2012 年第 3 期。
② 宗宁：《城市社区水灾脆弱性评估及风险研究》，华东师范大学硕士学位论文，2013 年。
③ 杨俊、向华丽：《基于 HOP 模型的地质灾害区域脆弱性研究——以湖北省宜昌地区为例》，载《灾害学》，2014 年第 3 期。

### (四) SD 模型

Turner 于 2003 年在 PAR 模型基础上,从可持续发展的角度提出了 SD 模型。SD 模型认为脆弱性是由"人—环境"这一耦合系统决定的,系统面对外界干扰的暴露度、易感性和恢复力是脆弱性的关键构成要素。SD 模型全面阐述自然灾害形成机制,强调内部因素和外部因素的共同作用,灾害扰动的多尺度性和多重性。如孙平军等从脆弱性的视角剖析矿业城市人地耦合系统的内部诸要素及其结构特征,通过构建脆弱性评价指标,借助物理学中的容量模型,选取中国第一个资源枯竭经济转型试点城市——阜新市为样本城市,进行矿业城市人地耦合系统的时序动态耦合度评价。[①] 陈萍等从人—环境耦合系统的角度总结了脆弱性的概念框架,对不同研究背景下的脆弱性定义和三个组成要素进行了深入的分析,归纳了脆弱性研究的核心问题,梳理了脆弱性的起源、发展和现状,总结了人—环境耦合系统脆弱性研究中的热点问题和几个典型的脆弱性综合分析框架。

SD 模型建议结合灾害系统内部因素与外部因素、自然环境和人文环境,对灾害系统脆弱性进行全面描述,在理论上是完备的,适用于作定性描述。由于涉及数据量太大,且多重扰动的复杂性,定量研究较为困难。

## 二、脆弱性评价的研究视角

自然灾害系统包含孕灾环境、致灾因子和承灾体三个要素,且缺一不可。对自然灾害系统进行脆弱性评价,评价对象虽然都是自然灾害系统,但不同学者评价的侧重点有所不同。归纳学者们对不同评价对象的脆弱性评价方法,有利于明确各评价方法的适用范围和优缺点,为综合脆弱性评价提供参考意见。

### (一) 基于孕灾环境的脆弱性评价

孕灾环境是由大气圈、水圈、岩石圈、生物圈和物质文化圈所构成的综合地球

---

[①] 孙平军、修春亮:《脆弱性视角的矿业城市人地耦合系统的耦合度评价——以阜新市为例》,载《地域研究与开发》,2010 年第 6 期。

表层环境。孕灾环境分自然环境和人文环境，自然环境包含地形、地貌、水文、气候、植被、土壤、动植物等，人文环境分人、交通系统、工矿商贸、各种管线、经济市场。孕灾环境的区域差异，是致灾因子时空分布特征的背景。因此，基于孕灾环境的脆弱性评价都有显著的区域特征。如贾慧聪等人对我国西北地区干旱灾害链、地震灾害链和寒潮—雪灾灾害链的成灾模式的分析就是一个典型案例。降水少、纬度高、沙漠戈壁广布、山脉与盆地、高原与平川相间等自然环境，是西北地区旱灾灾害链发生、发展的主要原因。[1] 李梦娜采用灰色关联法筛选关中地区旱灾主要影响因子，运用综合指数法构建脆弱性模型，对关中地区五个城市农业旱灾脆弱性进行区划定性评价，并根据因子分析中评价指标对农业干旱脆弱性的贡献度提出相对应的政策建议。[2] 塔里木盆地是我国最大的封闭性内陆盆地，干旱、大风、沙尘暴、洪水以及地震、雪灾等灾害频繁，多种自然灾害相互影响，孕灾环境特殊。安瓦尔·买买提明以新疆阿克苏地区为例，以多灾种复合情况为背景，构建自然灾害脆弱性评价指标体系，运用模糊综合评价法进行脆弱性评价。[3]

我国地域辽阔，地形复杂，气候多变，经济发展不平衡，自然孕灾环境和人文孕灾环境相差很大。基于孕灾环境的脆弱性评价，其优势在于研究范围既定，便于获取连续的研究数据，可以从自然、社会两方面进行时空演变的深入研究。也正是由于孕灾环境的地域特征，在特定地区脆弱性评价指标体系中起到关键作用的影响因子，可能不适用于其他地区同类自然灾害的脆弱性评价，可借鉴性低。在脆弱性评价方法的选取上，多选用综合指数法和地理信息系统的相互配合，评价指标分自然和人文两类，侧重自然环境指标。

## （二）基于致灾因子的脆弱性评价

自然灾害致灾因子包括地震、火山、滑坡、台风、暴风雨、风暴潮、龙卷风、尘暴、洪水、海啸、火山喷发等。因自然致灾因子难以掌控，基于致灾因子的脆弱性评价，目前研究多数集中在气象学中干旱、暴风雨、台风等的研究，地

---

[1] 贾慧聪、王静爱、杨洋、潘东华、杨佩国、张万昌：《关于西北地区的自然灾害链》，载《灾害学》，2016年第1期。
[2] 李梦娜、钱会、乔亮：《关中地区农业干旱脆弱性评价》，载《资源科学》，2016年第1期。
[3] 安瓦尔·买买提明、戴锐：《新疆阿克苏地区城市自然灾害脆弱性评价研究》，载《冰川冻土》，2013年第5期。

点多集中在内陆高原和沿海城市。这些地方受大气环流或海洋洋流影响,相较于其他自然灾害的发生风险有迹可循。我国学者在此方面也有不少研究成果,如陈香采用灾害风险指数法和加权综合评价法对福建省台风灾害风险进行评估,利用GIS技术对致灾因子危险性和承灾体脆弱性进行区划,结合这两项评价结果对福建省台风灾害风险进行评价。隋欣和杨志峰根据1949—2000年青海省沿黄12县的地质、地震和区域气候资料,对青海省黄河干流自然灾害的活动特征进行了分析。在对致灾因子分析基础上,建立了适于评价县域承灾体脆弱性的指标体系,并采用加权分级评分法对其进行了量化评估,以揭示区域未来成灾趋势。①

自然灾害致灾因子难以控制,基于致灾因子的脆弱性评价和风险分析,建立在对历史灾情数据进行总结的经验推演或气象学对大气洋流等的科学预测的基础上。基于致灾因子的脆弱性评价研究依赖于更加先进的监测技术和数据采集工具,结合气象学、地学、系统工程、物理学等理论基础,对台风、暴雨、风暴潮、干旱、海啸、洪水、滑坡、泥石流等处于灾害链某阶段的灾种进行预测和控制,在过程中降低承灾体脆弱性,可有效降低灾害风险和降低灾损率。

### (三) 基于承灾体的脆弱性评价

承灾体就是各种致灾因子作用的对象,是人类及其活动所在的社会与各种资源的集合。降低承灾体脆弱性是灾害系统中较容易进行改造的要素,因此我国对此方面研究较多。王志强等选择机场和高速公路为承灾体,构建雾灾灾害链,建立基于承灾体的雾灾脆弱性评价,并对我国雾灾脆弱进行了分省区评价,为雾灾厘定和防灾减灾提供了科学依据。② 王静爱等基于灾害系统理论,从致灾因子和耕地承灾体的区域组合角度,在旱灾频发高值区,选择三种主要承灾体类型,构建农业旱灾承灾体脆弱性诊断指标体系,提出脆弱性评价的区域模型。③ 石勇等从灾害系统承灾体的角度,分析了影响灾害脆弱性的五个方面,顺应脆弱性评价定量化的趋势,依据一定的原则,不分灾种,面对区域和人群,选取代表性指标尝试构建了沿海城市

---

① 隋欣、杨志峰:《青海省沿黄12县自然灾害活动特征及承灾体脆弱性评价》,载《灾害学》,2004年第3期。
② 王志强、王静爱:《关于雾灾几个相关问题的探讨》,载《自然灾害学报》,2004年第2期。
③ 王静爱、苏筠、商彦蕊、洪世奇、王志强、刘珍:《中国旱灾农业承灾体脆弱性诊断与评价》(英文),载《地球科学进展》,2006年第2期。

自然灾害脆弱性的指标评价体系,采用 AHP 法对上海沿海六区县进行了脆弱性评价,在此基础上总结了沿海城市的自然灾害脆弱性特点。[①] 高晓路等基于中国县级尺度房屋结构数据库的前期基础工作,以 2000 年中国地震区划为基本依据,参考震灾条件下的不同结构房屋破坏比和易损性曲线的研究成果,对中国县级空间尺度的农村房屋震灾脆弱性进行了整体评估。[②]

承灾体视角下的灾害系统脆弱性评价从承灾系统中选取一种或几种灾害易损性较大的典型对象,如对城市电网、交通、人口、建筑等,选定多方面影响因子进行深入分析。基于承灾体的脆弱性评价可以不涉及具体灾种,面向承灾系统,从社会经济和人文要素出发,构建脆弱性评价体系。承灾体视角的脆弱性评价侧重于物理结构、社会经济和人文因素的影响因子,这些影响因子在其他灾种和地区研究中同样适用。因此,评价指标和评价方法的选择具有广泛适用的优势。

## 三、结论与展望

通过对自然灾害脆弱性评价理论模型和研究视角的分析,目前我国对脆弱性的评价已经从多视角、多尺度、多灾种和多种评价方法等角度进行研究。具体来说,孕灾环境视角下的灾害系统脆弱性评价,受研究地区自然地理环境特殊性影响,影响因子选取倾向于自然环境指标,连续性数据有利于学者进行时空演变的深入分析,但不易被其他地区同类自然灾害相借鉴。致灾因子视角下的灾害系统脆弱性评价,基于其他学科理论基础和经验推演,可以对一些规律性自然灾害进行风险预测,目前研究主要集中在旱灾、台风、风暴潮、海啸等方面。随着科学技术的发展和检测手段的进步,从致灾因子视角进行灾害风险控制也是一个长远发展的方向。承灾体视角下的灾害系统脆弱性评价,侧重于社会经济、基础设施、人口特征等社会脆弱性方面,评价指标和评价方法都有较为广泛的适用范围。

从具体的研究案例来看,脆弱性评价视角和方法虽不同,但多落脚于自然灾害系统的分级定性评价、脆弱性等级地图的绘制和为政府提供参考建议,因此,未来

---

[①] 石勇、孙蕾、石纯、许世远、孙阿丽、王军:《上海沿海六区县自然灾害脆弱性评价》,载《自然灾害学报》,2010 年第 3 期。

[②] 高晓路、季珏、金凤君、牛方曲:《中国农村房屋震灾脆弱性评估及其成因分析》,载《地理学报》,2012 年第 2 期。

应加强如下问题的研究:

1. 脆弱性评价体系中各指标因子权重的科学性、合理性值得商榷,指标之间的耦合作用难以体现。自然灾害系统的影响因素涉及自然人文两个方面,影响因子复杂且呈动态变化特征。自然影响因子与人文影响因子之间有没有能量转移,会不会相互扰动,这些异变对灾害系统风险和灾情管理有没有影响,都亟须进行深入研究。

2. 自然灾害系统中孕灾环境、承灾体、致灾因子,以及这三者之间的相互作用,随着时空演变和社会经济政治的发展,存在着消退、增长、或此消彼长的复杂动态变化,导致灾害系统可能出现蔓延、演化、转化或耦合等风险。因此,加强数据的实时监测,建立连续动态的监测数据库,对系统脆弱性进行螺旋上升式的闭合循环动态评价是未来减灾的必要手段。

3. 脆弱性区划定性研究给政府灾害风险管理和减灾决策提供了建议,但具体政策的制定和实施需要更多、更翔实、更具体的脆弱性数据来支撑,以确保减灾资源分配的精准度和合理性,避免过少或过多支出,减灾措施才能做到有的放矢。因此,未来应加大脆弱性评价的定量化研究力度。

4. 自然灾害脆弱性研究已经成为现代防灾减灾和风险管理的重要研究内容,从脆弱性众多且复杂的自然、社会影响因素中进行梳理和总结,在此基础上进行研究方法和研究时空的转变,可为我国自然灾害应急管理提供一定的借鉴意义。

# 应急管理对比研究现状及发展趋势

牟笛 陈安[**]

**摘　要**：本文对应急管理对比研究现状进行了梳理和分析，阐述现有研究普遍内容宽泛、目标模糊、理论欠缺、反思较少的特点。在此基础上，本文提出了建设比较应急管理学的必然性和必要性，并提出了以理论与方法、应用与实践、灾害与文化为主的学科架构。

**关键词**：比较应急管理学；应急管理体系；突发事件；灾害文化

## 一、引言

对比是常见的科学研究方法，主要包括比较研究法和类比研究法。比较研究法是分析研究对象异同及联系的逻辑方法，主要包括相同点比较、相异点比较、同异结合比较等。类比研究法是通过对某一研究对象的认识，得出对另一相关对象的新判断，主要包括剩余类比、定量类比、模拟类比等。

对比研究广泛应用于各个学科领域。在应急管理研究中，"对比"作为一种研究方法也起到了重要作用。应急管理学中的对比研究是建立在对比分析基础上对应

---

[*] 资助项目：中国科协"高端科技创新智库青年项目"（DXB-2KQN-2016-031）。
[**] 牟笛，管理学博士，中国科学院科技政策与管理科学研究所博士后，主要研究领域：灾害文化与应急治理。陈安，管理学博士，中国科学院科技政策与管理科学研究所研究员、博士生导师，河南理工大学应急管理学院教授，主要研究领域：应急管理理论与方法。

急管理现象进行研究的科学。这些研究通常采用比较或类比的方法，分析不同发展模型、情景环境、流程条件对应急管理所造成的普遍性影响。本文旨在通过对对比方法在应急管理中的应用进行系统梳理和分析，阐明其研究现状的特点，预测其发展趋势，为比较应急管理学学科建设提供理论支持。

## 二、应急管理对比研究综述

### （一）发展现状

对比的方法在应急管理研究中十分常见。除了专门的应急管理对比研究外，对比还时常作为辅助研究方法出现。就专门的对比研究而言，现有应急管理对比研究以国际应急管理体系的对比研究最为常见。这是一种基于应急管理整体发展环境和模型的对比研究。现有应急管理研究介绍较多国家主要有俄国、加拿大、美国、日本等。在综合对比中国和俄国、加拿大、美国、日本等国应急管理法律体系、组织体系、运作机制、保障体系的异同点的基础上，现有应急管理对比研究主要提出了需要使各文化区、各国家的应急管理体系向着系统化、专业化、规范化、综合化、协同化发展的建议。[①-⑫]

国际间应急管理体系的对比分析虽然内容宽泛，但也常以某一类突发事件为例，对国际应急管理体系进行对比的研究。其中，国际间突发公共卫生事件的应急管理对比分析最为受到关注。通过对比国内外突发公共卫生事件应急管理体系，现有研究对我国应急管理体系改革的模式、机构、规则等关键问题提出了建议。[⑬-⑯]对国际间自然灾害事件应急管理体系的对比分析也较为丰富，这些研究建议充分发挥政府职能、科学技术、国际援助在应急管理中的重要作用，将风险带来的社会成本降到最低限度。[⑰-⑲]

突发事件的事发环境、情节性质、流程行为、处置机构不同，会降低事件的可比性。因而在进行对比分析时，时常需要分门别类，开展专门的对比研究。根据突发事件所处环境的不同，通过对比中外海上突发事件应急机制，现有研究建议我国以海警部队为核心强化海上应急人力和装备资源调配。[⑳]对于中外高校应急管理组织体系的对比分析也较为常见，这些研究普遍提出了有益的高校应急管理改进建议。[㉑-㉓]通过对国内外城市突发公共事件中的政府应急管理行为进行了比较，相关研

究提出从理念、法制、领导、信息、公民等方面提高我国政府应急管理体制。[24-25]

也有研究针对不同性质的突发事件展开。通过对比分析中外地震应急管理领域的模式和现状，相关研究提出了我国在应急管理方面存在的不足，但有关改进方法的相关内容较少。[26-27]再如，相关研究通过对国际间核工业所造成的突发事件进行了比较分析，认为应急管理行为的不同对核工业区的安全稳定有重要影响。[28]

有关不同应急管理机构的对比研究也有所开展。通过对比突发事件现场指挥机构、应急医疗机构、应急培训机构，相关研究提出了突发事件现场指挥机构的评价模型，并提出了加强医院应急管理建设、实现医疗机构区域联动的设想。[29-32]

关于应急管理具体行为的对比研究也较为普遍。例如，相关研究对不同年龄人群在突发事件中的自我伤害进行了比较研究，结果显示老年人通常被给予了更多心理关怀和实际救助。[33]在对比人与动物在突发事件中的有益本能和学习能力的研究中，动物行为为有效制定应急管理计划提供了帮助。[34]再如，有关东南欧多国环境条约与应急管理关系的对比分析显示，针对环境条约制定多国联合的应急管理计划的重要性。[35]另有对中外警犬处置突发事件训练进行的对比研究提出了强化警犬训练针对性和联动性、加强装备建设、增进技术交流等具体建议。[36]突发事件信息技术、网络传播的对比研究较为丰富。相关研究对不同网络传播渠道进行了比较研究，试图构建突发事件信息渠道信任的模型，改良突发事件传播机制。[37-39]

灾害文化作为反映社会脆弱性的重要维度，能够在应急管理中起到重要作用。对于灾害文化的对比研究通常从灾害伦理的角度评价中国的应急管理制度，从价值尺度、道德风尚的角度实现灾害文化评价功能的理论。人类学、社会学、心理学与灾害文化的关系大量被纳入到对比分析当中来。例如，相关研究通过对中外地震灾害文化进行了对比，提出了检视我国传统灾害意识、引导正确灾害避险行为的建议。[40-44]

应急管理个案的对比研究通常较为新颖。相关研究对中国庐山地震和汶川地震进行了对比研究，提出了有效响应地震灾害的应急管理要点。[45]再如，通过对2011年的伦敦骚乱和2013年厦门公交爆炸案进行对比分析，认为诚信态度对地方政府的突发事件处置效果有重要影响。[46]有关突发事件报道的对比研究尤为丰富，相关研究通过对比中国《环球时报》《人民日报》和美国《纽约时报》等报纸对重大突发事件的报道，认为中西受众观、媒体职能、文化差异、对外宣传等因素对突发事件报道有重大影响。例如，对中外媒体有关"马航失联""温州7·23动车事故""康州校园枪击案为例"等报道的对比分析显示，事件因素和通讯社属性造成了报

道关注阶段、情感态度、表达方式等方面的巨大差异。[47-51]

以上研究主要针对应急管理的具体实践展开。应急管理对比研究以理论研究为数最少，且内容较为模糊。零星的有关我国应急管理体系进行古今、中外对比，提出了横纵双向进行应急管理对比研究的方法。[52]此外，通过运用现有的应急管理生命周期理论，对比分析中外突发事件周期，能够为做好风险评估、引入多元参与、加大经费支持、注重人才培养、完善应急预案体系提供较好的理论支持。[53]

## （二）研究特点

现有应急管理对比研究的内容通常较为宽泛。现有研究中，有关应急管理体系的比较为数最多。即使根据突发事件的事发环境、情节性质、处置机构、流程行为等分类后再进行对比，落脚点也多为应急管理体系。虽然这种基于应急管理整体发展环境和模型的对比研究在理论研究方面尤为重要，但是过于宽泛的体系研究往往不能切中应急管理的本质问题，结论也容易千篇一律，不能真正为应急管理实践提供依据。

在宽泛的内容之上，应急管理对比研究的目标通常也较为模糊。现有应急管理对比研究的目标以提出应急管理体系改进建议为主。由于研究内容较为宽泛，其改进建议也较为模糊，且常常具有相似性。对比的研究方法具有较强的目的性，而过于空洞和模糊的研究目标使得研究无的放矢，甚至丧失科学性和准确性。

此外，现有应急管理对比研究的相关理论较少。现有研究大多针对应急管理的行为和现象展开对比，有关应急管理理论和方法的研究十分稀少。在缺乏理论和方法研究的情况下，应急管理对比研究难以突破创新和发展所面临的学术桎梏。并且，现有研究大多各自为政，几乎没有成系统、成系列的研究，尚未形成成型的学术体系。虽然已有研究数量不少，但重复、相似之处颇多，对于相左、抵触的内容少有指正和商讨。因而，应急管理对比研究的重点不突出，对于研究的核心问题、关键问题没有清楚的认知和响应。

在严格的学术研究之外，有关灾害文化的反思也较少。人类在与灾害交互作用的过程中选择了特定的生活和行为方式，形成了以应急管理为核心的灾害文化。现有应急管理研究更关注体系、行为、手段等方面的内容，忽视了人与灾害的文化联系。灾害文化所承载的审视人文历史、提升预警意识、规范避险行为等作用尚未得到体现。

## 三、应急管理对比研究展望：比较应急管理学

从现有应急管理对比研究的现状可以看出，对比的方法在应急管理理论研究、专门研究、文化研究上具有巨大前景。对比作为一种研究方法在应急管理学中起到了重要作用，但作为专门的应急管理学研究学科却尚未成型。进行系统、深入的应急管理对比研究，可以开拓应急管理研究思路，揭示应急管理的异同、联系、规律，是学科发展的趋势。

随着学科的不断发展，应急管理学已经日臻成熟，形成专门的"比较应急管理学"势在必行。比较应急管理学应是研究比较应急管理及其普遍影响和可持续性的科学。比较应急管理学的研究对象是应急管理现象的异同、联系、影响。通过比较的方法，阐明应急管理的共同规律和特殊规律，为应急管理实践和改进提供必要保证。比较应急管理学研究在系统分析和解决应急管理问题方面具有突出的优势，通过在研究方式上突破学科和地域的限制，在研究内容上将理论与实践相结合，可以在交叉与融合中提高应急管理研究的科学性和成熟度。并且，开展比较应急管理学研究，有利于不同地区、不同学科的学术交流，从而共同促进应急管理研究理论及实践的发展。

比较应急管理学的学科功能主要体现在通过比较的方法系统揭示应急管理理论和实践的关系，从不同侧面、不同角度阐明应急管理研究对象的内在联系。比较应急管理学研究能够明确应急管理时间和空间范围的规定性，提出合理的应急管理理论体系，实现有效的应急管理行为。比较应急管理学研究应该从理论及方法入手，对应急管理现象进行分析和解释，并深入至灾害文化层面。因此，比较应急管理学的学科架构主要包括理论与方法、应用与实践、灾害与文化三方面（图1）。该学科架构符合科学研究从综合到分述再到扩展的一般模式。首先由应急管理现象抽象、综合形成比较应急管理学的理论与方法，再通过应用与实践对相关理论与方法进行分述，最终将严格的科学研究扩展至灾害与文化层面。

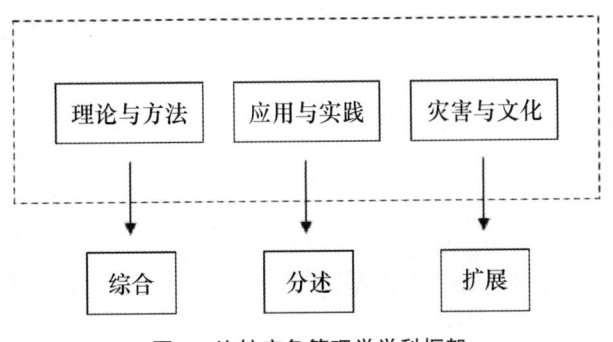

图1 比较应急管理学学科框架

比较应急管理学的理论与方法是在集成历史经验的基础上，从比较的角度所得出的应急管理研究的基本规律和一般方法。其内容主要包括比较应急管理学的学科任务、研究方法、分析模式、历史沿革等。比较应急管理的研究方法主要包括平行研究、影响研究、跨学科研究。平行研究是将不同时空范围内的应急管理现象进行比较，是最简单、快速、直接的方法；影响研究是将各国应急管理现象互相影响的内容和程度进行比较，从而总结、借鉴应急管理的优秀经验；跨学科研究是将应急管理与其他学科交流融合，为学术研究和应急事件提供不竭动力。比较应急管理的研究体系包括状态、时间、效能三个维度。状态维度是指突发事件与应急管理所处的状况；时间维度是其所处的时期；效能维度是指应急管理对策、能力及其效果。状态、时间、效能三个维度是相依存的，比较应急管理研究的初级层面在单一维度进行，高级层面则需综合各个维度而深入开展。

比较应急管理学的应用与实践是对应急管理静态和动态过程中各项资源的传递、交换、反馈、协调、控制、平衡所进行的比较分析和系统解释。其内容既包括国际、国内的区域应急管理比较，也包括减轻、就绪、响应、恢复的过程中的应急管理比较。其中，将比较应急管理学理论和方法应用到创新型的研究当中去尤为重要。

比较应急管理学视角下的灾害与文化是在充分认识灾害文化形态和本质的基础上，通过比较的方法，对中外灾害文化所进行的深层次分析。立足于中国特色，中国灾害文化的形成、变迁、特点、效果等将是重点内容。

## 四、结语

本文在对应急管理对比研究现状进行分析的基础上，阐述了比较应急管理学作为应急管理学的亚学科即将兴起的趋势。鉴于现有应急管理对比研究具有内容宽泛、目标模糊、理论欠缺、反思较少的特点，比较应急管理学将有助于应急管理研究提出更为准确的研究目标，选择更为细致的研究内容，丰富理论研究、方法研究、文化研究，提高学科的系统性和科学性。比较应急管理学应是通过比较的方法系统揭示应急管理理论和实践关系的学科，主要从理论与方法、应用与实践、灾害与文化三方面，在状态、时间、效能三个维度，进行平行研究、影响研究、跨学科研究。

**参考文献**

①J.Newton, "Federal Legislation for Disaster Mitigation: A Comparative Assessment Between Canada and the United States", *Natural Hazards*, No.16, pp.219-241.

②李志祥、刘铁忠、王梓薇：《中美国家应急管理机制比较研究》，载《北京理工大学学（社会科学版）》，2006年第5期。

③游志斌：《当代国际救灾体系比较研究》，中共中央党校博士论文，2006年。

④张海波：《当前应急管理体系改革的关键议题》，载《甘肃行政学院院报》，2009年第1期。

⑤黎昕、王晓雯：《国外突发事件应急管理模式的比较与启示》，载《福建行政学院学报》，2010年第5期。

⑥刘爱华、刘海燕：《中美日突发公共事件应急管理机制的比较研究》，载《工业安全与环保》，2010年第9期。

⑦罗章、李韧：《中日应急管理体制要素比较研究》，载《学术论坛》，2010年第9期。

⑧D.S.Miller, J.D.Revera, *Comparative Emergency Management: Examining Global and Regional Responses to Disasters*, London: CRC Press, 2011.

⑨程芳芳：《中美应急管理体系与科技支撑的现况及比较研究》，暨南大学硕士学位论文，2011年。

⑩唐中明、李成军：《突发公共事件应急管理的国际化比较》，载《中外企业家》，2011年第1期。

⑪A.Barabash：《中俄应急管理体系的比较及其影响因素研究》，大连理工大学硕士学位论文，2013年。

⑫左殿生、杜子平、肖强：《国内外突发事件危机管理比较研究》，载《青岛科技大学学报（社会科学版）》，2014年第2期。

⑬温靖：《中美突发公共卫生事件应急系统的比较研究》，南京师范大学硕士学位论文，2007年。

⑭余雪梅、乐虹、郝敏、李诗杨、于娜：《国内外突发公共卫生事件应急管理体系比较研究》，载《医学与社会》，2007年第7期。

⑮胡颖廉：《中国应急管理组织体系比较研究》，载《北京科技大学学报（社会科学版）》，2012年第2期。

⑯董雪、郝艳华、吴群红、陈海平、刘静、崔新明、孙毅华、黄克钢：《突发

公共卫生事件应对的中美比较分析》，载《中国初级卫生保健》，2013年第3期。

⑰李晶：《中美突发自然灾害事件应急管理比较研究》，西北大学硕士学位论文，2008年。

⑱张乐、童星：《信息放大与社会回应：两类突发事件的比较分析》，载《华中科技大学学报（社会科学版）》，2009年第6期。

⑲程卫帅、黄薇、刘丹：《中美水利突发公共事件应急管理机制比较分析》，载《人民长江》，2009年第8期。

⑳何建明：《中美海警海上突发事件应急机制比较研究》，上海交通大学硕士学位论文，2008年。

㉑胡晓：《高校图书馆突发事件分析及应急预案比较》，载《图书情报工作》，2010年第1期。

㉒韦庆辛：《中美高校应急管理体系比较研究》，载《应急救援》，2010年第2期。

㉓丁炜：《中、美、日对比下的高校应急管理组织体系建设》，载《安全》，2015年第36期。

㉔吴昊：《城市突发公共事件中的政府应急管理问题比较研究》，苏州大学硕士学位论文，2010年。

㉕刘秀云、吴超：《中美典型大城市突发事件应急管理模式的比较研究》，载《工业安全与环保》，2011年第1期。

㉖熊文美、陈进、李幼平、陈艳玲、郑会贤、周丽萍：《美日俄中四国地震医疗救援应急管理比较》，载《中国循证医学杂志》，2008年第8期。

㉗庄丽、高惠瑛、谭黎明：《中日美地震应急管理模式比较》，载《世界地震工程》，2009年第3期。

㉘Y.S.Kok, H.Eleveld, H.Schnadt, F.Gering, J.Gregor, H.Böttger, C.Salfeld, C.J.W.Twenhöfel, H.A.J.M.Reinen, "Comparative Study of Dutch and German Emergency-management Models for Near Border Nuclear Accidents", *Radiation Protection Dosimetry*, No.113, 2005, pp.381-391.

㉙刘铁忠、李志祥、张剑军：《突发事件现场指挥机构比较研究》，载《生产力研究》，2006年第11期。

㉚M.E.Ong, J.Cho, M.H.M.Ma, H.Tanaka, T.Nishiuchi, O.A.Sakaf, S.A.Karim, N.Khunkhlai, R.Atilla, C.Lin, N.Shahidah, D.Lie, S.D.Shin, "Comparison of

Emergency Medical Services Systems in the Pan-Asian Resuscitation Outcomes Study Countries: Report from A Literature Review and Survey", *Emergency Medicine Australasia*, No. 25, 2013, pp.55-63.

㉛孙晓通：《中日比较视野下的中国医院应急管理体系改进研究》，燕山大学硕士学位论文，2013年。

㉜周玲、彭宗超、薛文军：《国外公共部门应急管理培训体系的初步比较》，载《中国行政管理》，2010年第3期。

㉝R. Marriott, J. Horrocks, A. House, D. Owens, "Assessment and Management of Self-harm in Older Adults Attending Accident and Emergency: A Comparative Cross-Sectional Study", *International Journal of Geriatric Psychiatry*, No.18, 2003, pp.645-652.

㉞K.-M. Ha, "Animals as Valuable Instinctive and 'Learned' Beings in the Field of Disaster Management: A Comparative Perspective", *Natural Hazards*, No.75, 2015, pp. 1047-1056.

㉟G. Petkovic, "Emergency Situations and Risk Management in Multilateral Environmental Agreements: A Comparative Analysis in the SEE", in M. Montini, S. Bogdanovic (eds.), *Environmental Security in South-Eastern Europe*, Berlin: Springer Netherlands, 2011.

㊱张松、陈方良：《警犬处置突发事件训练比较研究》，载《中国工作犬业》，2015年第1期。

㊲F. Marincioni, "Information Technologies and the Sharing of Disaster Knowledge: The Critical Role of Professional Culture", *Disasters*, No.31, 2007, pp.459-476.

㊳尤薇佳、李红、刘鲁：《突发事件Web信息传播渠道信任比较研究》，载《管理科学学报》，2014年第2期。

㊴夏明名：《微博与微信：突发事件传播中的特点之比较》，载《新媒体研究》，2015年第2期。

㊵赵晓燕、丰继林、路鹏、贾中华：《试论灾害文化在防灾减灾中的作用》，载《防灾科技学院学报》，2008年第2期。

㊶刘雪松、王晓琼：《伦理文化对灾害管理制度的评价研究》，载《自然灾害学报》，2009年第6期。

㊷陶鹏、童星：《灾害社会脆弱性的文化维度探析》，载《学术论坛》，2012年第12期。

㊸伍国春:《中日灾害文化对比》,载《中国减灾》,2012年第5期。

㊹王晓葵:《灾害文化的中日比较》,载《云南师范大学学报》,2013年第6期。

㊺Y.Lu, J.P.Xu, "The Progress of Emergency Response and Rescue in China: A Comparative Analysis of Wenchuan and Lushan Earthquakes", *Natural Hazards*, No.74, 2014, pp.421-444.

㊻张淑华:《比较视野下的中西突发事件处置》,载《新闻与传播研究》,2015年第1期。

㊼刘芳:《中美媒体对日本大地震报道比较分析》,西南交通大学硕士学位论文,2013年。

㊽徐益能:《2011中美报纸对重大突发事件报道比较研究》,湖南师范大学硕士学位论文,2013年。

㊾柴漫:《中英主流通讯社关于突发事件的官方微博报道比较研究》,上海交通大学硕士学位论文,2014年。

㊿邓斯佳:《中美关于我国突发事件编译比较》,载《解放军外国语学院学报》,2015年第3期。

[51]蒋晓丽、刘波:《中美突发事件新闻报道中情感话语比较分析》,载《西南民族大学学报(人文社会科学版)》,2015年第2期。

[52]贾思芳:《突发事件应对的横纵比较研究》,载《江西青年职业学院学报》,2009年第4期。

[53]卢文刚、黎舒菡:《中美海外公民领事保护比较研究》,载《社会主义研究》,2015年第2期。